LA NATIONALITÉ FRANÇAISE

CHEZ LES

MUSULMANS DE L'ALGÉRIE

THÈSE POUR LE DOCTORAT

L'ACTE PUBLIC SUR LES MATIÈRES CI-APRÈS

Sera présenté et soutenu le 2 Juin 1899, à 2 heures

PAR

ALBERT HUGUES

Lauréat de l'École de Droit d'Alger

Président : M. ESTOUBLON, *professeur,*
Suffragants { MM. LAINÉ, *professeur,*
LESEUR, *professeur.*

PARIS

LIBRAIRIE MARESCQ AINÉ

A. CHEVALIER-MARESCQ & Cⁱᵉ, ÉDITEURS

20, RUE SOUFFLOT, 20

1899

THÈSE

POUR

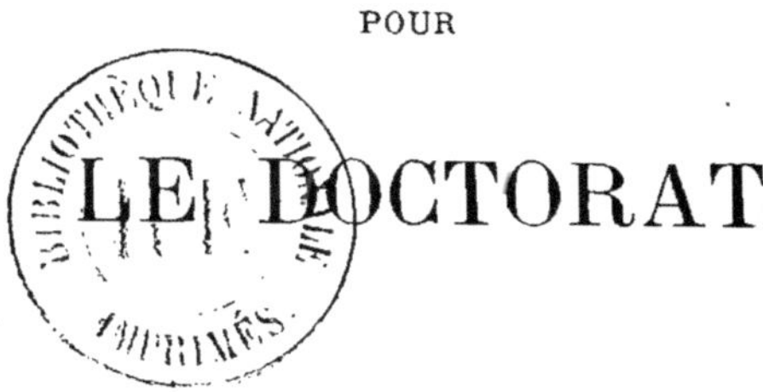

LE DOCTORAT

LA NATIONALITÉ FRANÇAISE

CHEZ LES

MUSULMANS DE L'ALGÉRIE

THÈSE POUR LE DOCTORAT

L'ACTE PUBLIC SUR LES MATIÈRES CI-APRÈS

Sera présenté et soutenu le 2 Juin 1899, à 2 heures

PAR

ALBERT HUGUES

Lauréat de l'École de Droit d'Alger

Président :   M. ESTOUBLON, *professeur,*
Suffragants { MM. LAINÉ, *professeur,*
           LESEUR, *professeur.*

PARIS

LIBRAIRIE MARESCQ AÎNÉ

A. CHEVALIER-MARESCQ & Cⁱᵉ, ÉDITEURS

20, RUE SOUFFLOT, 20

1899

BIBLIOGRAPHIE

Ouvrages doctrinaux

Audinet, *La nationalité française en Algérie*, monographie parue dans la *Revue algérienne et tunisienne*, (1889, p. 149 et s.).

Bachmann (Paul), *De la condition des personnes en Algérie* (Thèse). Nancy, 1896.

Béquet et Dupré, *Répertoire de droit administratif*, v° *Algérie*. Paris, 1882.

Besson (Emmanuel), *La législation civile de l'Algérie*. Paris, 1894.

Charpentier (Léon), *Précis de législation algérienne et tunisienne*. Alger, 1899

Cogordan (George), *La nationalité au point de vue des rapports internationaux*, 2e éd. Paris, 1890.

Dalloz. *Répertoire de législation et de jurisprudence*, v° *Organisation de l'Algérie*. Paris, 1869 ; et *Supplément*, v° *cit*. Paris, 1897.

Dunoyer (Léon), *Etude sur le conflit des lois spécial à l'Algérie* (Thèse). Paris, 1888.

Estoublon et Lefébure, *Code de l'Algérie annoté*. Alger, 1895.

Frégier, *De la naturalisation des indigènes et des étrangers en Algérie*. Sétif, 1863.

Gazette du Palais, *Répertoire encyclopédique du droit français*, v° *Algérie*. Paris, 1889.

Hamel, *De la naturalisation des indigènes musulmans de l'Algérie*, monographie parue dans la *Revue algérienne et tunisienne* (années 1886, 1887, 1890).

Lanessan (de), *L'expansion coloniale de la France*. Paris, 1886.

Leroy-Beaulieu (Paul), *L'Algérie et la Tunisie*, 1re éd. Paris, 1886.

Lesueur et Dreyfus, *La nationalité*. Paris, 1890.

Mengarduque, *De la représentation des indigènes musulmans dans les Conseils généraux algériens*. Constantine, 1889.

Olier, *Les résultats de la législation sur la nationalité en Algérie*, monographie parue dans la *Revue politique et parlementaire* (1897, t. 13, p. 548 et s).

Pandectes françaises. *Nouveau répertoire de doctrine, de législation et de jurisprudence* (en cours de publication). Paris, Chevalier-Marescq.

Pensa (Henri), *L'Algérie*, Voyage de la Délégation de la commission sénatoriale d'études des questions algériennes. Paris, 1894.

Poivre, *Les indigènes algériens ; leur état civil et leur condition juridique*. Alger, 1862

Rack, *Effets de la naturalisation d'un indigène musulman survenue pendant le mariage sur la condition de sa femme et de ses enfants*, monographie parue dans le *Journal de la jurisprudence de la Cour d'appel d'Alger*, année 1885.

Rambaud (Alfred), *La France coloniale*. Paris, 1886.

Répertoire général alphabétique de droit français, v⁰ *Algérie*. Paris, 1888-1895.

Robe (Eugène), *Historique du régime politique des indigènes*, monographie parue dans le *Journal de la jurisprudence de la Cour d'appel d'Alger*, année 1895.

Rouard de Card, *Etude sur la naturalisation en Algérie*. Paris, 1881.

Rouard de Card, *Les indigènes musulmans en Algérie devant les assemblées locales*. Paris, 1889.

Roussel (Ch.), *Condition et naturalisation des indigènes*

en Algérie, juifs et musulmans, monographie parue dans la *Revue des Deux-Mondes*. 1er juin 1875.

SARTOR, *De la condition juridique des étrangers, des musulmans et des israëlites en Algérie*. Paris, 1869

SURVILLE (F.), *Naturalisation d'un indigène musulman. — Ses effets au regard du statut personnel des enfants mineurs du naturalisé*, monographie parue dans la *Revue critique de législation et de jurisprudence*, 1894, p. 257.

TILLOY (René), *Répertoire alphabétique de jurisprudence, de doctrine et de législation algériennes et tunisiennes* (en cours de publication). Alger, 1890.

VINCENT et PENAUD, *Dictionnaire de droit international privé*, v° *Algérie*. Paris, 1887.

WEISS (André). *Traité theorique et pratique de droit international privé*, t. Ier : *De la nationalité*. Paris, 1892.

Recueils de législation.

ESTOUBLON et LEFÉBURE, *Co.le de l'Algérie annoté*, et son supplément. Alger, 1895.

MENERVILLE (DE), *Dictionnaire de la législation algérienne*, *1830-1872*, 3 vol. Alger-Paris, 1867, 1872.

HUGUES et LAPRA, *Code algérien*, *1872-1878*, faisant suite au précédent. 1 vol. Blida-Paris, 1878.

SANTAYRA, HUGUES et LAPRA, *Législation de l'Algérie, 1878-1883*, faisant suite au précédent, 1 vol. Paris, 1884.

HUGUES, *Législation de l'Algérie, 1883-1887*, faisant suite au précédent, 1 vol. Blida, 1888.

Recueils de jurisprudence.

JURISPRUDENCE ALGÉRIENNE, publiée par M. Robert Estoublon, pour la période 1830-1876. Alger (Abrév.: Estoublon, *Jur. alg.*).

BULLETIN JUDICIAIRE DE L'ALGÉRIE, comprenant la jurisprudence algérienne pour la période 1877-1884 (abrév.: *Bull. jud. alg.*).

REVUE ALGÉRIENNE ET TUNISIENNE, publiée par l'Ecole de droit d'Alger, sous la direction de M. Robert Estoublon, pour la période 1885-1899 (abrév.: *Rev. alg*).

JOURNAL DE LA JURISPRUDENCE DE LA COUR D'APPEL D'ALGER, publié par M. Eugène Robe, pour la période 1857-1899 abrév.: (*Journ.* de Robe).

PANDECTES FRANÇAISES PÉRIODIQUES, publiées sous la direction de M. André Weiss. Paris, Chevalier Marescq (abrév.: *Pand. fr. pér.*).

RECUEIL DE SIREY (abrév.: S.).

RECUEIL DE DALLOZ (abrév.: D. P.).

JOURNAL DU PALAIS (abrév.: P.).

INTRODUCTION

L'étude de la nationalité en Algérie présente un intérêt particulier par suite de la diversité des races qui peuplent le territoire de la colonie. Les individus qui l'habitent ont entre eux des rapports juridiques fréquents, et l'application aux différentes fractions de la population des législations particulières qui les régissent engendre un conflit de lois particulièrement épineux, dont la solution exige au préalable la détermination exacte de la nationalité des parties contractantes. A ce point de vue, l'Algérie offre un terrain d'études fort étendu. Nous y voyons, en effet, une population d'origine très mélangée, que l'on peut ramener à quatre groupes :

1° Les Français d'origine et par voie de naturalisation ;

2° Les étrangers européens immigrés, principalement Italiens, Espagnols, Anglo-Maltais, Allemands ;

3° Les musulmans et israélites indigènes ;

4° Les musulmans et israélites étrangers.

Si l'on se place au point de vue exclusivement français, l'étude des conditions mises ou à mettre à l'acquisition, par les individus des trois derniers groupes, de la qualité de citoyen français, présente une importance considérable : elle soulève, en effet, des difficultés

d'ordre politique et économique, dues à l'existence
d'un grave conflit entre deux intérêts également essen-
tiels : celui de la domination française, qui exige de
n'accorder les droits de citoyen qu'aux individus présentant de sérieuses garanties de fidélité à la patrie,
et celui de la colonisation, qui commande, au contraire,
de faciliter le plus possible l'acquisition de ces droits,
afin de favoriser le courant d'immigration. Lequel des
deux intérêts doit l'emporter? Comment doit-on les
concilier? C'est là un grave problème dont la solution
mérite d'être recherchée.

Tout d'abord, à l'égard des étrangers européens
immigrés dans la colonie, le problème de la nationalité
française offre des difficultés particulières à l'Algérie.

Dans l'intérêt de la colonisation et en vue de lutter
contre la rétrograde inertie des indigènes, que l'influence française insuffisamment puissante avait peine
à combattre, la France a dû faire appel aux bras de
l'étranger. Il a fallu attirer des immigrants en nombre
assez considérable pour contribuer à la mise en valeur
des terres. Pour arriver à ces fins, force a été d'assurer
aux étrangers, immigrants dans la colonie, un certain
nombre d'avantages que nos lois civiles françaises
refusent aux étrangers établis sur le territoire continental. Mais, d'autre part, et afin d'éviter que l'influence
française ne finit par succomber sous le poids de l'influence étrangère, devenue prépondérante, il a été
nécessaire de songer à englober dans la nationalité
française la population étrangère qui vit en Algérie
sous la protection de nos lois, à faire de ces étrangers
des nationaux français, et à créer ainsi une race puis-

sante, imbue des sentiments et de l'esprit français,
résolue à lutter contre la nonchalance et la répugnance
des indigènes, et destinée à en opérer, dans un avenir
éloigné, la complète absorption. Il serait intéressant
d'étudier les mesures successives que le gouvernement
français a prises dans le but d'incorporer progressivement dans la nationalité française les nationaux
étrangers. Il y aurait lieu également de se demander
si le législateur français, en attribuant de plein droit
la qualité de citoyen aux fils d'étrangers nés et domiciliés à leur majorité sur le sol algérien, n'a pas fait
courir pour l'avenir à la colonie un danger qu'il n'a
peut-être pas aperçu.

A l'égard des musulmans et israélites indigènes,
habitants de notre troisième groupe, le problème se
pose dans des termes qu'il importe aussi de signaler.
Faut-il conférer à ces individus la nationalité française avec toutes les prérogatives qui en découlent,
soit au point de vue des lois civiles, soit au point de
vue des lois politiques, ou en faire seulement des Français de condition inférieure, ne jouissant que de quelques-uns des droits attachés à la qualité de citoyen ? Il
est à remarquer que la population indigène, d'une civilisation encore primitive, possède une législation de
source religieuse, faite de croyances et de supersti-
tions, à laquelle elle est attachée par une tradition plusieurs fois séculaire et à l'observation de laquelle il serait imprudent de l'arracher. Conférer aux indigènes,
de plein droit, la qualité de citoyen constituerait une
mesure vexatoire à leur égard, puisqu'elle aurait pour
résultat de porter atteinte à leur législation et, par suite,

à la libre pratique de leur religion. Les efforts du
gouvernement doivent donc tendre à les placer dans
une situation légale qui ne soit pas inconciliable avec
leurs mœurs, leur esprit, leurs croyances, ou, ce qui
mieux est, de les laisser autant que possible sous l'empire des institutions et des lois auxquelles leurs traditions les ont habitués.

Il est encore indispensable de rechercher quelles
sont les conditions mises ou à mettre à l'acquisition
par l'indigène de la qualité de citoyen français. S'il
eût été impolitique de froisser les susceptibilités du
peuple vaincu, en lui imposant une législation incompatible avec ses usages et inconciliable avec ses traditions, il eût, d'autre part, été contraire à la tâche que
la France s'était donné pour mission d'accomplir en
Algérie, de ne pas faciliter aux indigènes, arrivés au
degré moyen de civilisation, l'acquisition volontaire
des droits du citoyen. Il était utile de favoriser le courant qui pouvait pousser l'indigène à demander la
participation aux institutions politiques, législatives
et administratives de la France ; il suffisait pour cela
de l'affranchir de la plupart des entraves mises par les
règlements à la naturalisation : il fallait, d'une part,
modifier dans un sens favorable les conditions d'admission ; d'autre part, organiser une procédure rapide
et facile qui permît à l'indigène d'obtenir sans difficulté la faveur qu'il réclamait. A ce point de vue,
l'œuvre accomplie mérite d'être approuvée. Nous verrons, au cours de cette étude, que le législateur a
réduit à leur plus simple expression les conditions de

fond et de forme pour l'admission des indigènes au droit de cité.

En ce qui concerne, enfin, les habitants du quatrième et dernier groupe, les musulmans et israélites étrangers, il serait intéressant d'étudier si la nationalité française doit leur être accordée suivant des conditions plus rigoureuses que celles qui sont imposées aux étrangers européens, et principalement s'il est juste d'autoriser leur admission au droit de cité par le bienfait de la loi, comme cela a lieu pour les étrangers appartenant à des nationalités européennes.

Telles sont les différentes faces du problème dont l'étude devrait avoir place dans un ouvrage consacré à la nationalité française en Algérie. Nous ne pouvions songer à entreprendre une tâche aussi considérable, étant donné le cadre nécessairement restreint dans lequel nous devons nous mouvoir. Aussi bornerons-nous notre étude aux difficultés que soulève la nationalité française appliquée aux individus des deux derniers groupes signalés plus haut : les indigènes et les étrangers musulmans et israélites ; et même, parmi ces individus, nous laisserons de côté ceux de religion israélite, qui sont devenus pour la plupart citoyens français en vertu du décret du 24 octobre 1870, pour ne nous occuper que des musulmans. Nos développements porteront donc sur l'acquisition de la nationalité française par les musulmans de l'Algérie : musulmans indigènes et musulmans étrangers. Bien entendu, nous serons beaucoup plus explicite sur la situation des premiers, qui forment la majeure partie de la population algérienne, que sur celle des seconds, qui n'en sont qu'un élément infime.

Aussi bien, importe-t-il d'abord de rechercher comment se groupent les indigènes algériens. La population musulmane indigène comprend deux races principales et distinctes d'individus, qu'il est essentiel de séparer, puisqu'elles obéissent chacune à une législation particulière, qu'elles ont des mœurs différentes et parlent une langue spéciale : ce sont les *Kabyles*, ou Berbères, et les *Arabes*.

Les premiers sont les autochtones de l'Algérie, descendants, dit-on, des Lybiens et des Gétules (1). Ils habitent les montagnes de la côte et de l'intérieur, ainsi que les oasis. Ils obéissent à un droit coutumier, qui leur a été transmis de génération en génération, et aux *Kanouns* de la coutume locale. Mais les Kabyles accordent au Coran la valeur d'une loi religieuse, que l'on consulte dans les matières où la coutume n'a pas statué, et comme complément de celle-ci (2).

Les Arabes sont les envahisseurs de l'Afrique du Nord (3). Ils ont repoussé le peuple primitif sur les parties les plus inaccessibles de ses montagnes ou l'ont refoulé dans le Sud, où il ne s'arrêta que dans les oasis qui lui offraient un abri. Ils habitent les plaines, les Hauts-Plateaux, les grandes vallées. Les Arabes obéissent au Coran, qui est le livre saint de l'islamisme,

(1) Quesnoy, *L'Algérie*, p. 48.

(2) Quesnoy, *op.* et *loc. cit.*; de Lanessan, *L'expansion coloniale de la France*, p. 19; Rambaud, la *France coloniale*, p. 31 et s.

(3) V. les autorités précitées, *loc. cit.*

et qui contient la parole de Dieu révélée au prophète Mahomet.

A côté des Kabyles et des Arabes, on trouve des indigènes de race mélangée, résultat de croisements divers. Ils habitent un peu partout, les plaines, les montagnes, les villes, et pratiquent aussi la religion musulmane.

Les *Biskri* et les *Mozabites* ne forment pas un groupement à part. Les Biskri, qui habitent Biskra, sont de sang mêlé arabe et kabyle, avec prédominance kabyle, comme chez tous les habitants des oasis (1). Les Mozabites sont des musulmans dissidents, pourchassés par les sectes rivales, et qui se sont vu rejetés dans le M'zab. Ils sont presque tous d'origine berbère (2).

Les *Maures*, qui habitent les villes, sont issus de tous les peuples qui ont successivement occupé les rivages africains. On retrouve, en effet, chez eux, les traits caractéristiques des différentes races qui ont habité l'Algérie (3).

Les *Couiouglis* sont des musulmans issus de l'union des Turcs avec les femmes indigènes. Aujourd'hui, ils disparaissent petit à petit et se fondent dans la population maure (4).

Enfin, les *Nègres* du Soudan sont compris également dans la catégorie des indigènes musulmans. Ces individus, qui étaient autrefois importés en Algérie comme esclaves, formaient un groupement assez important.

(1) Quesnoy, *op. cit.*, p. 272 ; de Lanessan, *op. cit.*, p. 26.
(2) Quesnoy, *op. cit.*, p. 273 ; de Lanessan, *op. et loc. cit.*
(3) De Lanessan, *op. cit.*, p. 25 ; Rambaud, *op. cit.*, p. 44.
(4) Rambaud, *op. cit.*, p. 45 ; de Lanessan, *op. cit.*, p. 25.

Mais depuis l'abolition de l'esclavage, la population noire diminue rapidement, car elle résiste mal au climat du Tell et des Hauts-Plateaux (1).

Tel est, en résumé, le dénombrement de la population indigène musulmane de l'Algérie. C'est elle qui fera l'objet de notre étude sur la nationalité française en Algérie, réserve faite de quelques développements consacrés à la situation des musulmans étrangers, nous voulons dire des sujets marocains, tunisiens, persans, turcs, etc.

Nous traiterons successivement des conditions d'acquisition de la nationalité française par les musulmans de l'Algérie, ainsi que des effets de cette acquisition. Quant à la perte de cette nationalité, elle ne fera pas ici l'objet de développements spéciaux, puisque, d'une part, la perte de la qualité de sujet français par le musulman se confond avec l'acquisition du titre de citoyen français ou l'acquisition d'une nationalité étrangère, et que, d'autre part, la perte de la qualité de citoyen français, acquise par l'indigène, est une déchéance qui n'a rien de particulier à la législation algérienne, et qui, par suite, ne peut trouver place dans une étude spéciale comme la nôtre.

Après avoir étudié dans deux chapitres les modes d'acquisition et les effets de la nationalité française chez les musulmans de l'Algérie, nous consacrerons un troisième et dernier chapitre à l'étude critique de la législation existante en cette matière et à celle des propositions de loi déposées au cours de ces dernières années en vue de modifier cette législation.

(1) Rambaud, *op. cit.*, p. 46.

CHAPITRE PREMIER

ACQUISITION DE LA NATIONALITÉ FRANÇAISE

Il est indispensable, au seuil de cette étude, de distinguer les deux situations légales possibles pour les musulmans de l'Algérie. La première, qui est la plus fréquente, puisqu'elle est attachée de plein droit à la personne de tous les individus de religion musulmane auxquels appartient la qualité d' « indigènes », est celle de *sujet français*. La seconde, beaucoup plus rare, puisqu'elle implique une manifestation de volonté par le musulman et qu'elle n'appartient qu'à ceux qui l'auront demandée et obtenue, est celle de *citoyen français*. Ces deux situations légales doivent être distinguées avec le plus grand soin, car elles entraînent chacune des conséquences juridiques particulières. Cette dualité de situations présente ce côté intéressant qu'elle a pour effet de créer, en faveur des musulmans de l'Algérie, deux sortes de nationalité française, exigeant chacune des développements spéciaux, non seulement quant à leurs conséquences, mais aussi quant à leur mode d'acquisition.

Titre 1. — *Acquisition de la qualité de sujet français.*

La qualité de *sujet français* appartient de plein droit à tous les individus de religion musulmane, compris dans la catégorie des « indigènes » ; autrement dit, à tous ceux qui se trouvaient, soit par euxmêmes, soit par leur ascendance, dans une situation déterminée au moment de la conquête de l'Algérie. Il s'ensuit que, pour connaître comment a pu s'acquérir au profit des musulmans algériens la qualité de sujet français, il est essentiel de rechercher quel a été l'effet de la conquête sur la nationalité des habitants du territoire algérien, et de préciser ensuite à l'égard de quelle catégorie de musulmans la conquête a pu produire un changement de nationalité, ce qui revient à déterminer ce que l'on entend par « indigène musulman ».

Nous allons rechercher tout d'abord quel a pu être, sur la nationalité des musulmans de l'Algérie, l'effet de l'occupation et de l'annexion françaises et des actes du pouvoir exécutif postérieurs.

Les indigènes musulmans ont-ils été Français dès le jour même de la conquête, ou bien a-t-il fallu, pour leur attribuer cette qualité, qu'un acte quelconque de l'autorité française, traité international, loi, décret ou ordonnance, fût venu officiellement la leur conférer ou tout au moins prononcer l'annexion du territoire? La question ne peut être résolue qu'en faisant appel aux principes généraux du droit des gens. Or, il est de règle, en droit international, que le seul fait de *l'occupation* d'un pays par une armée étrangère ne suffit pas pour substituer à la législation personnelle des habitants du territoire occupé la législation civile de la nation victorieuse, et, par suite, pour opérer le changement de nationalité. Pour que ce résultat se produise, il est indispensable que soit intervenu un acte *d'annexion* de la part du vainqueur, ou, autrement dit, que celui-ci ait fait acte de *possession* du territoire soumis par ses armes (1). Cette annexion peut, d'ailleurs, être consentie soit par un traité conclu entre les belligérants, soit par une simple déclaration unilatérale du gouvernement de la nation conquérante (2).

L'application de ce principe présente une importance considérable au point de vue de la détermination de l'époque à laquelle a pu s'opérer, chez les indigènes algériens, le changement de nationalité. En effet, pendant toute une période de temps qui part des premiers jours de la conquête (3) et qui va tout au moins jusqu'au 22 juillet 1834 (4), non seulement aucun traité international n'avait fait déclaration de cession de territoire, mais encore aucun acte de l'au-

(1) *Pandectes françaises*, Répert., v⁰ *Annexion*, n. 217 et s , et les autorités citées ; Aubry et Rau, *Cours de droit civil*, t. I, § 72, p. 259 ; Béquet, *Répertoire de droit administratif*, v⁰ *Algérie*, n. 16.

(2) Dalloz, *Répertoire de législation*, v⁰ *Lois*, n. 101 et s.; Aubry et Rau, t. I, § 72, p. 258. — Cass., 16 mars 1861 et 8 janvier 1862 (cités par Dalloz, *op.* et *loc. cit.*).

(3) Capitulation d'Alger du 5 juillet 1830.

(4) Une ordonnance du 22 juillet 1834 organisait le commandement et la haute administration dans les possessions françaises de l'Afrique du Nord.

torité française n'avait porté déclaration d'annexion. Tout au contraire, les actes émanés du pouvoir métropolitain semblaient plutôt devoir être interprétés comme ne consacrant pas au profit de la population musulmane le droit à la qualité de Français. Ils réservaient, en effet, aux habitants de l'Algérie le libre exercice de leur religion (1). Dire que les indigènes musulmans continueraient à obéir aux règles de l'Islam, n'était-ce pas reconnaître qu'ils resteraient sous l'empire de leur loi propre, puisque chez les Musulmans la religion se confond avec la loi? N'était-ce pas, conséquemment, leur dénier la qualité de Français? Une pareille conclusion pouvait se déduire également des actes par lesquels la France avait reconnu aux indigènes la survivance, après la conquête, de leur statut personnel, notamment de l'ordonnance royale du 26 septembre 1842, qui reconnaissait formellement l'application de la loi personnelle des indigènes pour la solution des questions d'état (2), et qui semblait, par là même, refuser la qualité de Français aux habitants du territoire algérien.

Il paraît, en effet, difficile d'interpréter ces actes autrement que par l'affirmation de la volonté du gou-

(1) L'acte de capitulation d'Alger du 5 juillet 1830 portait expressément : « L'exercice de la religion musulmane restera libre... La liberté des habitants, leur religion, leurs propriétés, leur commerce et leur industrie ne recevront aucune atteinte... »

(2) L'art. 37 de l'ordonnance royale du 26 septembre 1842 portait que « les contestations entre indigènes relatives à l'état civil seront jugées conformément à la loi religieuse des parties. »

vernement français de maintenir aux indigènes de l'Algérie leur nationalité antérieure. On peut cependant en donner une autre explication, qui permet d'aboutir à une conclusion inverse : on peut dire que, depuis le 5 juillet 1830, jusqu'au jour où fut rendue l'ordonnance du 22 juillet 1834, qui a organisé le commandement et la haute administration dans nos possessions africaines, l'Algérie fut un territoire simplement *occupé* par les armes françaises (1). Jusqu'à cette époque, conformément aux règles du droit des gens, les lois civiles françaises n'ont pu être applicables aux indigènes algériens, qui ont continué à être régis par leur loi religieuse et qui ont ainsi conservé leur nationalité antérieure. C'est seulement l'ordonnance du 22 juillet 1834 qui a pu être considérée comme ayant entraîné l'*annexion* du territoire, ou tout au moins l'ordonnance du 10 août 1834 (2), qui portait organisation des tribunaux et de l'administration de la justice dans les possessions françaises de l'Afrique du Nord. Il a dû en résulter, conformément aux règles du droit des gens, un changement de nationalité pour les habitants (3).

(1) Léon Dunoyer, *Étude sur le conflit des lois spécial à l'Algérie* (Thèse de Paris), p. 2 ; Emmanuel Besson, *La législation civile de l'Algérie*, p. 15, note 1 ; Paul Bachmann, *De la condition des personnes en Algérie* (Thèse de Nancy), p. 58 ; Béquet, *Répert.*, v° *Algérie*, n. 68.

(2) Paris, 2 février 1839 (S. 39. 2. 334).

(3) V. le rapport de M. le conseiller Guillemard, sous Cass., 28 janvier 1874 (D. P. 74. 1. 210, 2ᵉ col.) et les conclusions de M. l'avocat général Sarrut, sous Cass., 16, 22, 27 avril 1896 (D. P. 96. 1. 356).

S'il en est ainsi, l'argument que l'on pouvait tirer, pour refuser aux indigènes la qualité de Français, de l'ordonnance de 1842 réservant la loi personnelle pour la solution des questions d'état, n'avait plus de portée, ce texte ayant été rendu conformément à l'engagement pris par la France dans l'acte de capitulation d'Alger de respecter la religion des habitants.

La volonté du gouvernement français n'a pu d'ailleurs être douteuse, après que la Constitution républicaine du 4 novembre 1848 eût déclaré formellement territoire français la terre algérienne (1). Il est donc incontestable, au moins depuis 1848, que les indigènes algériens, sans distinction, sont devenus Français.

Quelque certaine que paraisse cette solution, la question de la nationalité des indigènes n'avait pas été expressément tranchée par les ordonnances de 1834 et la Constitution de 1848. Ces textes avaient été considérés comme ayant formulé la déclaration d'annexion, mais ils n'avaient pas exprimé que les indigènes étaient, de ce fait, investis de la qualité de Français. Il y eût incertitude sur ce point, tant que la jurisprudence algérienne n'eût pas été appelée à résoudre la difficulté. Elle n'eût pas d'hésitation, d'ailleurs, à la trancher dans le sens que nous avons exposé, seul conforme aux principes généraux du droit des gens. La Cour d'appel d'Alger décida notamment

(1) Art. 109 de la Constitution de 1848 : « Le territoire de l'Algérie et des colonies est déclaré territoire français et sera régi par des lois particulières, jusqu'à ce qu'une loi spéciale le place sous le régime de la présente Constitution. »

que, sous l'empire des ordonnances de 1834 et de la
Constitution de 1848, les indigènes algériens avaient,
sinon la qualité de citoyen français, du moins celle de
sujet français (1). L'argument donné en ce sens par
l'arrêt de la Cour de cassation intervenu sur le pourvoi formé contre l'arrêt d'Alger, reposait sur ce principe de droit international (2), à savoir que « nul ne
peut avoir deux patries » ; les indigènes, « placés sous
la souveraineté immédiate de la France sont, par suite,
dans l'impossibilité absolue de pouvoir, en aucun cas,
revendiquer le bénéfice ou l'appui d'une autre nationalité » (3).

Quant à la solution législative, elle ne fut donnée
que par les articles 1 et 2 du sénatus-consulte du
14 juillet 1865, qui déclare Français les indigènes musulmans de l'Algérie.

Il est néanmoins incontestable que les indigènes
algériens étaient Français dès avant le sénatus-consulte du 14 juillet 1865, que, par suite, la législation
française leur était applicable en règle générale, conformément aux règles du droit commun international,

(1) Alger, 24 février 1862 (Estoublon, *Jur. alg.*, 1862. p. 12 ;
D. P. 62. 2. 179), et sur pourvoi, Cass., 15 février 1854 (Estoublon, *Jur. alg.*, 1864, p. 4 ; S. 64, 1, 113, D. P. 64, 1,
67). V. aussi Cass., 15 avril 1862 (Estoublon, *Jur. alg.*,
1862, p. 25 ; *Journ.* de Robe, 1862, p. 188 ; S. 62, 1, 577, D.
P. 62, 1, 280) ; Cass., 29 mai 1865 (Estoublon, *Jur. alg.*,
1865, p. 27 ; *Journ.* de Robe, 1865, p. 23 et 180, S. 65, 1,
378, D. P. 65, 1, 482).

(2) André Weiss, *Traité théorique et pratique de droit
international privé*, t. I. p. 23 et s.

(3) Cass., 15 février 1862, précité.

mais qu'il y avait lieu de combiner ce principe avec la règle contenue dans la convention du 5 juillet 1830, qui laissait aux musulmans le bénéfice de leur loi nationale. On doit donc aboutir à la proposition suivante : les indigènes musulmans ont la nationalité française, mais « ils ne sont régis par la législation française qu'autant qu'elle ne contredit pas leur législation nationale, qu'elle n'est pas en conflit avec leurs mœurs, leurs coutumes » (1).

Le sénatus-consulte de 1865 spécifie en termes forts nets que la nationalité française n'appartient qu'aux seuls « indigènes » (2). Que faut-il entendre par *indigène* musulman? C'est ici que se pose la seconde question, dont la solution importe pour la détermination exacte du mode d'acquisition de la qualité de sujet français.

Est indigène musulman, toute personne de religion mahométane, née en Algérie avant la conquête ou qui y est née depuis lors de parents établis en Algérie antérieurement à l'occupation française (3), c'est-à-dire avant le 5 juillet 1830. Cette interprétation qui

(1) Conclusions de M. l'avocat général Sarrut, sous Cass., 18, 22 et 27 avril 1896 (D. P. 96, 1, 356, 2e col.).

(2) Art. 1 du sen.-cons.: « L'indigène musulman est Français; néanmoins il continuera à être régi par la loi musulmane ».

(3) Sarrut, conclusions sous Cass., 18, 22 et 27 avril 1896 (D. P. 96, 1, 356) ; Besson, *op. cit.*, p. 68 ; Dunoyer, *op. cit.*, p. 35. — Alger, 11 juin 1877 (*Bull. jud. alg.*, 1877, p. 363). — V. par analogie la définition donnée des indigènes israélites par M. Brémond (*Revue critique de législation et de jurisprudence.* 1897, p. 2).

ressort amplement et des termes employés dans les actes législatifs et des documents qui les ont accompagnés, est également celle qui découle de la définition du mot « indigène » donnée par le décret du 7 octobre 1871 (1), relatif il est vrai aux indigènes israélites naturalisés collectivement, mais qui peut sans inconvénient être généralisée (2).

On doit, par suite, refuser la qualité d'indigène, d'une part, aux individus qui, bien qu'habitant l'Algérie à l'époque de l'occupation, n'y étaient pas nés, d'autre part, à ceux qui, quoique nés en Algérie après la conquête, descendent de parents qui ne s'y sont établis que plus tard ou n'ont fait qu'y passer (3). Notamment, la qualité d'indigène n'appartient pas aux musulmans venus des pays étrangers après la conquête de l'Algérie. Ces individus sont des étrangers et, à ce titre, ne sont pas visés par les dispositions du sénatus-consulte. On doit donc considérer comme musulmans étrangers les régnicoles tunisiens ou marocains de religion musulmane (4), ainsi que les sujets du sultan ou du Shah de Perse établis en Algérie.

Il est incontestable que les enfants de l'indigène

(1) Voici la formule de ce décret: « Sont considérés comme indigènes.... les israélites nés en Algérie avant l'occupation française ou nés, depuis cette occupation, de parents établis en Algérie à l'époque où elle s'est produite ».

(2) Weiss. *op. cit.*, t. 1, p. 379.

(3) Weiss, *op. cit.*, t. 1, p. 380. — Alger, 11 juin 1877, précité. — V. par analogie avec les israélites : Brémond, *op.* et *loc. cit.* ; Surville (*Revue critique de législation et de jurisprudence*, 1897, p. 208).

(4) Alger, 13 décembre 1889 (*Rev. alg.*, 1890, 2, 90).

Albert Hugues.   2

musulman sont Français comme leur père, quel que soit d'ailleurs le lieu de leur naissance (1). C'est là un principe trop conforme aux lois sur la nationalité pour qu'il soit utile d'insister.

La qualité de Français résultant du fait de l'annexion a-t-elle pu atteindre l'individu qui, habitant l'Algérie lors de l'occupation et compris à ce titre dans les termes du sénatus-consulte de 1865, avait quitté momentanément le pays pour fuir les suites de la conquête? L'affirmative ne peut faire aucun doute, pourvu toutefois que l'intention de cet individu fût de regagner plus tard le sol algérien. Il faut même aller plus loin et dire que si, lui-même étant décédé avant d'avoir pu réaliser son projet de retour, ses enfants sont revenus dans le pays et y ont résidé depuis, ils ont eu et conservé la qualité de Français (2).

*
* *

Nous avons déterminé comment a pu s'acquérir chez les musulmans d'Algérie la qualité de sujet français et à quelle catégorie d'individus cette qualité a pu profiter. Il résulte des développements qui précèdent que cette acquisition s'est produite chez les indigènes indépendamment de toute volonté manifestée de leur part. Il faut ajouter qu'elle n'a pu prendre naissance autrement que par l'annexion. La

(1) Weiss, *op. cit.*, t. I, p. 380, note 2. — Alger, 18 juin 1890 (*Rev. alg.*, 1890, 2, 493 ; *Journ.* de Robe, 1890, p. 423). Conf. Alger, 11 juin 1877 et 13 décembre 1889, précités.

(2) Alger, 18 juin 1890, précité.

question s'est cependant posée devant les tribunaux
de savoir si la qualité de sujet français, ou plus exactement la condition juridique du sujet français, pouvait appartenir à des individus autres que les indigènes
musulmans et résulter d'une manifestation de leur
volonté, notamment de la conversion d'un chrétien à
l'islamisme ou du mariage contracté par une femme
française ou étrangère européenne avec un indigène
musulman ?

La solution ne fait aucun doute. En ce qui concerne
d'abord les individus convertis à l'islamisme, il ne
peut y avoir de difficulté. La qualité de sujet français
n'appartient qu'aux *indigènes* musulmans. Elle ne
saurait donc atteindre des individus qui ne sont pas
indigènes, bien qu'ils appartiennent à la religion
musulmane. C'est en ce sens que s'est prononcée la
jurisprudence algérienne, aussi bien dans le cas où
la partie en cause était un Français, que dans celui
où elle appartenait à une nationalité étrangère.

Tout d'abord, il est incontestable que nos nationaux établis en Algérie ont emporté avec eux leurs
droits de citoyen. L'émigration des Français vers les
colonies n'a pas pour effet de leur faire subir une
capitis diminutio analogue à celle dont le droit romain
frappait les *colonarii*. Les Français établis en Algérie
restent donc soumis à la loi française sous le rapport
de leurs droits civils et politiques, malgré une volonté
contraire de leur part, clairement manifestée. Dès
lors, on ne voit pas comment le fait par un Français
d'origine d'embrasser en Algérie la religion musulmane pourrait avoir comme résultat d'emporter à son

égard changement de législation, alors même qu'il aurait déclaré vouloir se soumettre à loi musulmane. La situation exceptionnelle créée au profit des musulmans par les décrets particuliers à l'Algérie n'est accordée qu'aux indigènes, et aucune disposition de loi n'autorise ni expressément, ni tacitement, soit les étrangers, soit même les citoyens français non indigènes, à en réclamer le bénéfice. Il suit de là que le statut personnel réservé aux indigènes musulmans ne peut jamais régir une personne qui n'aurait pas la qualité d'indigène. D'ailleurs, la situation exceptionnelle créée au profit des habitants de l'Algérie ne peut en aucune façon s'acquérir par un acte de volonté, qui serait une naturalisation sans nom, équivoque, et dont le principal effet serait, non plus la perte d'une nationalité, mais la perte de certains droits civils et politiques.

C'est là ce qui a inspiré les solutions de la jurisprudence algérienne, qui a décidé que l'acte par lequel une Française catholique déclarait embrasser en Algérie la religion musulmane est un acte essentiellement religieux ne pouvant avoir pour conséquence un changement de statut personnel (1), et que

(1) Trib. Alger, 4 janvier 1879 (*Bull. jud. alg.*, 1879, p. 29). La conséquence tirée par ce jugement est que l'acte passé par un cadi pour consacrer le mariage d'une Française, devenue musulmane de religion, avec un musulman indigène de l'Algérie, est un acte sans valeur et radicalement nul, puisqu'une Française ne peut, en Algérie comme en France, se marier valablement que devant l'officier d'état civil compétent et après avoir rempli les formalités prescrites par le Code civil au titre *Du mariage*.

le fait, par un individu né en France de parents italiens, d'avoir été élevé dès son jeune âge par des musulmans en Algérie, d'avoir embrassé la religion musulmane et suivi toutes les prescriptions du Coran, ne suffit pas pour lui faire perdre sa nationalité d'origine et lui conférer celle d'indigène musulman (1).

Si l'on envisage maintenant le cas du mariage contracté par une femme française ou étrangère avec un indigène musulman, il semble qu'on doive aboutir à une semblable conclusion. L'application de la loi musulmane étant une conséquence de la qualité de sujet français, qui appartient aux seuls indigènes, ne peut évidemment être faite à la femme non indigène qui a épousé un de nos sujets musulmans d'Algérie. On doit donc admettre que la femme française qui, si elle épousait un étranger, perdrait sa nationalité sous les conditions de l'art. 19 du Code civil, conserve non seulement sa nationalité en épousant un indigène musulman, puisque celui-ci est sujet français, mais encore reste soumise au statut personnel français (2) ;

(1) Trib. Alger, 4 mai 1896 (*Rev. alg.*, 1897, 2, 204).V. de même : Trib. Alger, 4 janvier 1879, précité.

(2) Hamel, *De la naturalisation des indigènes algériens*, monographie parue dans la *Revue algérienne* (1890, 1, 30).— Alger, 28 octobre 1878 (*Bull. jud. alg.*, 1879, p. 24 ; *Journ. de Robe*, 1880, p. 193) ; Trib. Mascara, 19 mai 1897 (*Rev. alg.*, 1898, 2, 32 ; *Journ, de Robe*, 1898, p. 353). Ce principe, qui est incontestable, n'a cependant pas toujours été admis par la jurisprudence algérienne. Il avait été antérieurement jugé par le tribunal supérieur d'Alger que la femme française, qui contracte mariage avec un indigène musulman de l'Algérie, suit la condition de son mari et que les enfants qui naissent suivent la condition de leur père : Trib. sup.

et décider, par analogie, que le mariage contracté par un indigène musulman avec une femme étrangère devant l'officier d'état civil français n'a pu avoir pour effet d'opérer chez cette femme un changement de nationalité et de la rendre à aucun titre justiciable des tribunaux musulmans (1).

Il y a lieu d'observer toutefois que la solution ainsi donnée pour le cas où la femme appartient à une nationalité étrangère, a contre elle le texte de l'art. 12 du Code civil, aux termes duquel l'étrangère qui a épousé un Français suit la condition de son mari. Or, l'indigène musulman est sujet français ; la femme étrangère, qui contracte mariage avec lui, doit donc devenir Française, conformément aux dispositions de cet article. Mais il faut reconnaître, si l'on admet cette interprétation, qui repose évidemment sur un puissant fondement juridique, que l'on aboutit à une dif-

Alger, 20 juin 1836 (Estoublon, *Jur. alg.*, 1836, p. 15). Il est à remarquer toutefois que si ce jugement commettait une erreur sur le premier point, il donnait une solution tout à fait juridique sur le second. Il est, en effet, conforme aux principes généraux du droit civil que les enfants nés du mariage d'un père et d'une mère de nationalités différentes suivent la condition du père. Il n'y a pas de raison pour ne pas appliquer cette solution à l'espèce tranchée par notre jugement. C'est donc à bon droit que le tribunal supérieur d'Alger décidait qu'il y avait lieu d'ordonner la tutelle desdits enfants d'après la loi musulmane, et que si le père avait pourvu de son vivant à ladite tutelle, sa volonté devait être respectée, sans que la mère eût droit de prétendre à une tutelle légale. La mère devait seulement conserver l'administration de la personne de ses enfants jusqu'à l'époque de leur puberté.

(1) Alger, 14 mars 1883 (*Bull. jud. alg.*, 1883, p. 112).

ficulté insoluble. Quelle loi devra-t-on appliquer à cette femme? Le statut personnel français ou musulman? Ni l'un ni l'autre. Elle n'a, en effet, nullement droit à l'application de la loi française, puisque, d'après l'art. 12 du Code civil, elle suit la condition de son mari ; elle n'a pas droit davantage à l'application de la loi musulmane, qui est une loi d'exception, applicable aux seuls indigènes. Force est donc de laisser cette femme sous l'empire de sa loi personnelle, ou mieux de la considérer comme ayant conservé sa propre nationalité.

Titre II. — *Acquisition de la qualité de citoyen français.*

La qualité de *citoyen français* ne doit pas être confondue avec celle de sujet français. Elle en diffère non seulement au point de vue des conséquences juridiques qu'elle entraîne, mais aussi au point de vue de la catégorie des personnes auxquelles elle peut s'appliquer et de son mode d'acquisition. D'une part, en effet, l'acquisition de la qualité de citoyen peut avoir lieu, non seulement au profit des musulmans *indigènes,* mais aussi des musulmans *étrangers*, Marocains, Tunisiens, Turcs, Persans, etc. D'autre part, elle est conférée en principe, non plus de plein droit, comme la qualité de sujet français, par le fait de l'annexion, mais sur la demande de la partie intéressée, demande adressée dans les conditions déterminées par des règlements particuliers. Ce dernier point ne peut toutefois être admis que sous certaines réserves : il y aura lieu de se demander si la qualité de citoyen peut être acquise, conformément au droit commun applicable aux étrangers européens établis dans la colonie, par le bienfait de la loi, ce qui nous amènera à étudier si les articles 8, § 4, et 9 du Code civil, modifiés par les lois du 26 juin 1889 et 22 juillet 1893 sont applicables aux musulmans de l'Algérie.

Section I. — Acquisition volontaire de la qualité de citoyen français.

Ce mode d'acquisition diffère suivant que la partie demanderesse est un musulman étranger ou un musulman indigène. La situation du premier est réglée par les dispositions du sénatus-consulte du 14 juillet 1865 visant la naturalisation des étrangers européens ; celle du second est régie par des dispositions spéciales du même sénatus-consulte et des règlements postérieurs.

§ 1ᵉʳ. — *Acquisition par un musulman étranger.*

Il est incontestable que les musulmans étrangers doivent se référer, pour leur naturalisation, aux règles établies par le sénatus-consulte du 14 juillet 1865 et les décrets des 21 avril-5 mai 1866 et 24 octobre

1870 (1) pour la naturalisation des étrangers européens, et non point à celles que les mêmes textes ont érigées pour la naturalisation des musulmans indigènes, puisque ces dernières sont des dispositions de faveur applicables aux seuls sujets français, ce qui exclut formellement les musulmans étrangers. Cette solution peut se déduire, d'ailleurs, d'un jugement du tribunal d'Oran, décidant que le décret du 24 octobre 1870, qui a conféré de plein droit aux israélites la qualité de citoyen français, est inapplicable aux israélites étrangers (2). Par analogie, doivent être sans application aux musulmans étrangers les dispositions du sénatus-consulte et des textes postérieurs spéciaux aux musulmans indigènes.

Il résulte de là que le musulman étranger, qui désire obtenir sa naturalisation, doit avoir 21 ans accomplis au moment de sa demande et justifier d'une résidence (et non point domicile) ininterrompue en Algérie pendant trois ans. La justification de ces deux conditions se fait conformément aux modes établis par le sénatus-consulte de 1865 et le décret du 21 avril 1866 (3). La demande est formée devant le maire de la commune de son domicile; elle doit être accompagnée des documents justificatifs de l'existence des deux conditions requises. Après une enquête locale sur la moralité et les antécédents du demandeur, la requête est transmise par le gouverneur général au Garde des

(1) Ce décret du 24 octobre 1870 n'a jamais été appliqué. V. *infrà*, p. 33.

(2) Trib. Oran, 6 février 1889 (*Rev. alg.*, 1890, 2, 162).

(3) Sén. cons. du 14 juillet 1865, art. 4 ; décret du 21 avril 1866. art. 19 ; décret du 24 octobre 1870. art. 1er.

Sceaux, sur le rapport duquel il est statué par décret en Conseil d'Etat (1).

On doit faire application au musulman étranger des dispositions de faveur que la loi du 26 juin 1889 a introduites dans l'article 8, § 5 du Code civil, en sorte que la durée réglementaire du stage à la naturalisation peut être réduite à un an de *domicile* autorisé (et non plus ici résidence), pour les musulmans étrangers qui ont rendu des services importants à la France,

(1) Décret du 21 avril 1866, art. 15, 16, 17. — Voir aussi pour le détail des formalités : décret du 5 février 1868, art. 2. — Il y a lieu d'observer que, lorsqu'il s'agit de demandes de naturalisation formées par des Marocains, afin d'éviter que la qualité de citoyen, français ne soit conférée à des étrangers qui pourraient retourner dans leur pays d'origine avec un titre leur assurant la protection de la France et les exemptant du paiement des impôts, une circulaire du gouverneur général du 6 janvier 1876 décide que les actes de notoriété annexés aux demandes seront contrôlés au moyen d'une enquête supplémentaire. Il résulte également d'une circulaire du gouverneur général du 7 juin 1881 et de deux dépêches du gouverneur général et du ministre de France à Tanger des 24 avril et 1er mai 1893, que les autorités locales, préfets et généraux, compléteront les demandes de naturalisation formées par les Marocains, au moyen d'une attestation de la légation de France sur les antécédents et la moralité des postulants. D'après une circulaire du gouverneur du 9 janvier 1886, on devra donner lecture aux Marocains, qui demandent leur naturalisation, de l'article 15 de la convention de Madrid (5 juillet 1880) relative à l'exercice du droit de protection au Maroc. — En ce qui concerne les Tunisiens, v. la déc. min. just. du 1er avril 1882. — On trouvera le texte de ces circulaires et décisions dans Estoublon et Lefébure, *Code de l'Algérie annoté*, p. 315, note 1.

services que cette loi énumère limitativement, ou pour celui qui a épousé une femme française (1). Il y a lieu de procéder pour cette naturalisation de faveur suivant les règles établies par le décret du 13 août 1889 rendu pour l'exécution de la loi (2).

§ 2. — *Acquisition par un musulman indigène.*

L'acquisition du titre de citoyen ne constitue pas, à l'égard du musulman indigène, à proprement parler une naturalisation. Il ne peut, en effet, s'agir de naturalisation à l'égard d'individus qui possèdent la nationalité française et qui réclament simplement leur admission au titre de citoyen, la naturalisation étant, par définition, un bénéfice accordé aux étrangers, et qui a pour objet et pour résultat d'entraîner pour eux un changement de nationalité. Or l'indigène algérien, qui réclame le titre de citoyen, ne demande pas à changer de nationalité; il réclame simplement une qualité et des prérogatives dont il ne jouissait pas jusqu'alors. Sous le bénéfice de cette observation, il nous sera permis d'employer par commodité le mot « naturalisation » pour désigner l'acte juridique qui confère aux indigènes le droit de cité.

(1) Il est admis, en effet, que cette disposition de la loi du 26 juin 1889 est applicable aux étrangers européens fixés en Algérie : Weiss, *op. cit.*, t. I, p. 409 ; Besson, *op. cit.*, p. 39 ; Le Sueur et Dreyfus, *La nationalité*, p. 258 ; Audinet, monographie parue dans la *Revue algérienne* (1889, 1, 160).

(2) Weiss, *op. cit.*, t. I, p. 410 ; Besson, *op.* et *loc. cit.*; Audinet, *op. cit.* (1889, 1, 162).

C'est le sénatus-consulte du 14 juillet 1865 qui a le premier déterminé les conditions auxquelles l'indigène musulman devait se conformer pour obtenir la qualité de citoyen français. Jusqu'alors, aucun acte du gouvernement français ne s'était occupé de régler pour l'indigène le mode d'accession au droit de cité. S'ensuivait-il que l'indigène eût été admis, en sa seule qualité de sujet français, à l'exercice des droits politiques? L'affirmative peut s'induire par analogie d'un arrêt de la Cour de cassation rendu au sujet de la condition légale des indigènes des Indes françaises (1). Cet arrêt a décidé que les indigènes des colonies étant Français de plein droit par l'annexion, on doit les considérer comme ayant la jouissance des droits civils, susceptible d'entraîner pour eux la jouissance des droits politiques, ainsi que l'exigent les lois électorales, quand même ces droits civils s'exerceraient conformément à des lois et à des coutumes différentes de la loi française, puisque c'est la loi française qui a maintenu l'application de ces lois et coutumes. Il a dû en être ainsi des indigènes de l'Algérie, pour l'époque antérieure au sénatus-consulte.

La solution de cet arrêt nous paraît fort contestable. L'exercice des droits politiques est inséparable de l'exercice des droits civils *français* et incompatible avec la conservation du statut musulman. Cela résulte du texte même des lois électorales, qui ont évidemment entendu établir une corrélation entre les droits civils et les droits politiques français. Une autre solu-

(1) Cass. 6 mars 1883 (S. 83, 1, 379). Tel est aussi l'avis de M. Charpentier, *Précis de législation algérienne*, p. 271.

tion ne pourrait s'induire de l'art. 7 du Code civil,
aux termes duquel l'exercice des droits civils est indé-
pendant de la qualité de *citoyen* (ancien texte) ou de
l'exercice des *droits politiques* (nouveau texte), ces
expressions signifiant uniquement que l'on peut jouir
des droits civils sans avoir la jouissance des droits
politiques, ce qui est le cas des mineurs, des femmes
et souvent des étrangers, mais non point que l'on
puisse exercer les droits politiques si l'on n'a pas la
jouissance des droits civils. Il nous semble, en conséquence, que, conformément aux principes admis par
la jurisprudence algérienne proclamée plus haut (V.
suprà, p. 15, note 1), non seulement l'indigène n'aurait pu, avant le sénatus-consulte de 1865, être admis
à exercer les droits électoraux, mais même qu'il lui
eût été impossible de s'élever de la condition de sujet
à celle de citoyen. Il n'aurait pu suivre, en effet, les
règles du Code civil applicables à la naturalisation des
étrangers (1), l'observation de ces règles ne pouvant
s'imposer à des individus qui possédaient la qualité
de Français indépendamment de toute naturalisation (2).

En fait, la lacune qui résultait de cette absence de
législation avait peu d'importance, car les indigènes
ne se souciaient guère de réclamer leur naturalisation, laquelle eût entraîné pour eux renonciation

(1) Le Code civil s'est trouvé exécutoire en Algérie par le
fait même de l'annexion : Paul Sumien, *Le Régime législatif de l'Algérie* (Thèse de Paris), p. 56 et s.

(2) Trib. Tizi-Ouzou (*Rev. alg.*, 1896, 2, 341 ; *Journ*. de
Robe, 1896, p. 356).

à leur statut personnel et soumission complète à la loi civile française, ce qui eût été une atteinte grave portée à l'exercice de leur religion et les eût fait passer pour des renégats aux yeux de leurs correligionnaires.

Mais le gouvernement français allant au devant du désir que les indigènes musulmans, pénétrés par les bienfaits de notre civilisation, pourraient manifester dans la suite de conquérir l'exercice des droits politiques attachés au titre de citoyen, se préoccupa de régler les conditions suivant lesquelles ils pourraient être admis à la cité française. L'esprit qui a guidé en cette matière le législateur algérien mérite d'être indiqué. On pensa qu'il serait de bonne politique de faciliter aux indigènes l'acquisition de la qualité de citoyen et de mettre ainsi à leur disposition le moyen le plus efficace d'assimilation. Il suffisait pour cela d'affranchir l'indigène de la plupart des entraves mises par les règlements à l'acquisition du droit de cité: il fallait, d'une part, simplifier à l'extrême les conditions d'admission, notamment ne subordonner l'octroi de cette naturalisation privilégiée à l'observation d'aucune condition de résidence ou de domicile chez le demandeur. Une telle sévérité était, d'ailleurs, inutile, à l'égard d'individus que la jurisprudence déclarait Français et qui avaient sur le sol algérien tous leurs intérêts, toutes leurs affections (1). Il fallait, d'autre part, organiser une procédure rapide et facile, qui permît à l'indigène d'obtenir sans difficulté la

(1) Weiss, *op. cit.*, t. 1, p. 394 ; Besson, *op. cit.*, p. 75.

faveur qu'il réclamait. Ce double problème a été heureusement résolu par le sénatus-consulte de 1865 et les textes postérieurs.

Les conditions de la naturalisation des indigènes algériens ont été déterminées par le sénatus-consulte du 14 juillet 1865, les décrets des 21 avril 1866, 5 février 1868, auxquels un décret du 24 octobre 1870 (1), est venu apporter une importante dérogation. Ces conditions de fond et de forme s'imposent à l'indigène algérien, qui ne pourrait, puisqu'il est sujet français, recourir aux dispositions qui régissent la naturalisation des étrangers (2).

D'après le sénatus-consulte de 1865, les indigènes peuvent obtenir la qualité de citoyen lorsqu'ils ont atteint l'âge de 21 ans accomplis. Cette qualité est conférée par décret rendu en Conseil d'Etat (3).

Les décrets du 21 avril 1866 et 5 février 1868 règlent la procédure à suivre pour l'instruction de la demande en naturalisation. L'indigène doit se présenter en personne devant le maire de sa commune ou le chef du bureau arabe de sa circonscription et former devant l'officier public sa demande accompagnée d'une déclaration qu'il entend être régi par les lois de la France. L'indigène doit justifier qu'il a 21 ans accomplis, soit par un acte de naissance, soit par un acte de notoriété dressé sur l'attestation de quatre témoins par le juge de paix ou le cadi de sa résidence. A la suite

(1) On verra plus loin que ce décret du 24 octobre 1870 n'a jamais été appliqué.

(2) Trib. Tizi-Ouzou, 12 mars 1896, précité.

(3) Sén.-cons. du 14 juillet 1865, art. 3 et 4.

de cette déclaration et de cette justification, le fonctionnaire qui les a reçues ouvre une enquête sur la
moralité du demandeur. Puis il transmet la demande
avec le résultat de l'enquête au préfet ou au général
commandant la province, qui donnent leur avis, et
qui eux-mêmes font parvenir le dossier au gouverneur général. Ce dossier est transmis ensuite avec l'avis
du gouverneur au ministre de la justice, et la naturalisation est prononcée par décret rendu en Conseil
d'Etat, sur rapport du Garde des Sceaux (1).

En résumé, d'après cette législation, les règles à
suivre pour la naturalisation des indigènes se rédui-
sent à trois : 1° l'indigène doit être âgé de 21 ans
accomplis ; 2° il doit se présenter devant le maire ou
le chef du bureau arabe de sa résidence et déclarer
son intention d'obtenir le titre de citoyen ; 3° il est
statué sur cette demande par décret en Conseil d'Etat.

Un décret du 24 octobre 1870, tout en confirmant
dans ses articles 1 et 2 les deux premières de ces
règles, est venu apporter une profonde modification à
la troisième. Ce texte a enlevé au chef de l'Etat le pou-

(1) Décret du 21 avril 1866, art. 11, 12, 13, 19 et 20. —
Quand le demandeur est un indigène servant à l'armée, le
décret de 1866, art. 14, exige des formalités particulières.
Dans le cas où le demandeur est indigent, le décret du
5 février 1868 fait bénéficier de la gratuité les actes de notoriété délivrés à l'appui de la demande. V. les circul. procur.
génér. des 3 février 1873 et 11 septembre 1873, qui déterminent les mentions que doivent contenir les actes de notoriété
produits à l'appui des demandes de naturalisation des indigènes. V. aussi la circ. proc. gén. du 13 avril 1886, relative à
la délivrance et au coût des actes de notoriété.

voir de statuer sur les demandes de naturalisation des indigènes et a conféré cette attribution au gouverneur général, qui prononce sur avis du Comité consultatif (art. 3).

Ce décret du 24 octobre 1870 n'a jamais été abrogé et cependant, d'après la pratique administrative, la naturalisation des indigènes algériens est prononcée non point par le gouverneur général, selon le vœu du décret de 1870, mais par le Président de la République en Conseil d'Etat, comme sous l'empire de la législation antérieure à ce décret. Bien plus, le décret de 1870 n'a jamais reçu d'application, et de tout temps depuis sa promulgation, la naturalisation des indigènes a été prononcée par décret du chef de l'Etat.

Comment expliquer ce mépris d'un texte aussi formel que le décret de 1870 ? Pour rendre compte des raisons qui ont fait considérer l'inapplication de ce décret comme légale par les pouvoirs publics, on a remarqué que ce texte n'a jamais pu, en fait, être observé. Que décidait-il en effet ? Il confiait au gouverneur général le pouvoir de statuer sur les demandes en naturalisation, mais à condition qu'il eût pris au préalable l'avis du Comité consultatif. Le législateur avait voulu entourer le prononcé d'un acte aussi grave que l'admission au droit de cité de garanties sérieuses d'opportunité et de justice, et il avait justement pensé que l'une des garanties les plus efficaces se trouverait dans le contrôle d'une assemblée composée, comme l'était le Comité consultatif, d'hommes conscients des besoins de l'Algérie et dévoués à nos institutions. Il résulte de là que, dans l'esprit du législateur, l'avis du Comité était une condition essentielle de la validité de l'arrêté de naturalisation, à tel point qu'un tel arrêté, rendu en dehors de l'intervention de ce Comité, eût été illégal et frappé d'inefficacité.

Or, le Comité consultatif fut supprimé par un décret du 1er janvier 1871 (art. 13). Dès lors, le système introduit par le décret du 24 octobre 1870 s'effondrait de lui-même, par impossibilité d'application. La condition essentielle à la validité de l'arrêté de naturalisation, l'avis du Comité, ne pouvant plus être remplie, le gouverneur général se voyait, par là même, retirer les pouvoirs que le décret de 1870 lui avait conférés, puisqu'il ne pouvait plus les exercer régulièrement. La suppression du Comité consultatif entraînait ainsi l'abrogation implicite de l'art. 3 du décret du 24 octobre 1870 et le retour au système institué par le sénatus-consulte de 1865 et le décret de 1866. Désormais, le Chef de l'Etat redevenait compétent pour prononcer la naturalisation des indigènes.

Cette solution est admise par la généralité des auteurs (1). Elle est de plus consacrée par la pratique administrative. De nombreux décrets de naturalisation rendus par le chef de l'Etat en font foi. Bien plus, un

______

(1) Weiss, *op. cit.*, t. I, p. 395 et s.; Cogordan, *Traité de la nationalité*, 2º éd., p. 136 ; Besson, *op. cit.*, p. 76 ; Rouard de Card, *Etude sur la naturalisation en Algérie*, p. 15 ; *Répertoire général de droit français*, vº *Algérie*, n. 2025 ; Glard, *De l'acquisition et de la perte de la nationalité française*, p. 263. V. en sens contraire Charpentier, *Précis de législation algérienne*, p, 276, note 1.

rapport officiel, publié en 1879 sur les ordres du gouverneur général, s'exprime, à propos des indigènes, en
des termes qui ne peuvent laisser aucun doute : « La
qualité de citoyen français, porte-t-il..., est conférée
par un décret rendu en Conseil d'Etat » (1).

Le raisonnement que nous venons d'exposer est-il
juridiquement exact? Le système inauguré par le décret du 24 octobre 1870 n'a-t-il pu subsister partiellement, malgré la suppression du Comité consultatif?
Ne peut-on pas soutenir que, par la suppression du
Comité consultatif, le gouvernement ait voulu conférer au gouverneur général seul le droit de prononcer
la naturalisation des indigènes, sur avis du préfet ou
du général commandant la province et après enquête
sur la moralité du demandeur? On prétend, il est vrai,
que le gouvernement a entendu par cette suppression
ne vouloir conférer la naturalisation que par décret,
forme plus solennelle et offrant de plus précieuses garanties que la simple décision du gouverneur (2). C'est
même ce qui explique que, dans le système du décret
de 1870, l'avis du Comité consultatif était essentiel à la
validité de la naturalisation. Mais ne peut-on pas soutenir aussi que la suppression du Comité consultatif
a eu pour unique résultat d'abroger l'une seulement
des conditions que ce décret considérait comme essentielles, afin de faciliter à l'indigène musulman l'acqui

(1) V. le *Rapport sur l'état général de l'Algérie,* 1879,
p. 9, et les extraits de ce rapport dans l'étude de **M.** Rouard
de Card, *op.* et *loc. cit.*

(2) Weiss, *op. cit.,* p. 397 ; de Ménerville, *Dictionnaire de
la législation algérienne,* t. III, p. 227, note 1.

sition du titre de citoyen, en conférant au gouverneur
général seul, séant sur les lieux et éclairé par l'enquête préalable, le pouvoir de rendre l'arrêté de naturalisation ?

**

Le sénatus-consulte de 1865 et les textes postérieurs
ont organisé le mode légal d'acquisition volontaire
des droits du citoyen. Mais n'y a-t-il pas un autre
mode de naturalisation volontaire, celui qui résulte
du mariage ? On sait qu'il est de règle en droit privé
que la femme suive la condition de son mari (C. civ.,
art. 12). Si donc une femme musulmane épouse un
citoyen français, n'acquiert-elle pas par là même la
condition de femme française, soumise désormais à la
loi civile française et jouissant de tous les droits civi-
ques et politiques qui sont ou pourront être ultérieurement reconnus aux femmes (1) ? Nous établirons
plus loin qu'il y a tout au moins dans ce mariage
option en faveur de la législation française. N'y
a-t-il pas plus qu'une simple option, mais une
naturalisation effective, produisant son effet non
plus sur un point particulier comme l'option de
législation, mais sur le domaine entier des lois françaises ? L'affirmative ne peut faire aucun doute (2),

---

(1) On sait que des lois récentes ont conféré aux femmes
un certain nombre de droits publics : droit d'être témoin pour
les actes de l'état civil (loi du 7 décembre 1897) ; droit de participer à l'élection des juges consulaires (loi du 23 janvier
1898).

(2) Alger, 29 octobre 1862 (Estoublon, *Jur. alg.*, 1862,
p. 46).

soit quand le mari est Français d'origine, soit quand il est lui-même indigène musulman naturalisé. Cette question sera amplement étudiée, lorsque nous traiterons des effets de la naturalisation de l'indigène musulman sur la condition de sa femme.

Si, à l'inverse, on suppose qu'une femme française épouse un indigène musulman non naturalisé, cet indigène abandonne-t-il par là même sa qualité de sujet français pour acquérir celle de citoyen ? Une telle prétention serait insoutenable, comme contraire aux principes qui veulent bien que la femme suive la condition de son mari (C. civ., art. 12 et 19) (1), mais non que le mari prenne la condition qui résulte de la nationalité de sa femme. Il a été jugé, à cet égard, que l'indigène musulman marié avec une femme française, conformément à la loi française, et qui a continué d'observer la loi musulmane, doit être considéré comme ayant conservé la qualité de musulman (2). Cet arrêt doit être approuvé en ce qu'il refuse à l'indigène, qui a contracté mariage avec une Française, la qualité de citoyen français ; mais nous établirons plus loin qu'un tel mariage doit avoir au moins pour effet d'emporter, de la part de l'indigène, renonciation à la loi personnelle musulmane et option en faveur de la loi française, en ce qui concerne les conditions de validité et les effets civils du mariage.

(1) Nous avons vu cependant (V. *suprà*, p. 21) que la femme française, qui épouse un indigène musulman, n'acquiert pas le statut personnel musulman ; mais cela s'explique par des considérations spéciales.

(2) Trib. sup. d'Alger, 20 juin 1836 (Estoublon, *Jur. alg.*, 1836, p. 15).

La même question se pose dans le cas où l'indigène musulman a contracté mariage avec une femme musulmane naturalisée. Nous y reviendrons lorsque nous étudierons les effets de la naturalisation de la femme sur la condition de son mari resté indigène.

Section II. — Acquisition de la qualité de citoyen français par le bienfait de la loi.

On sait que le Code civil de 1804 appliquait, en matière de nationalité, la doctrine du *jus sanguinis*. Il prenait comme base de la nationalité d'origine le principe de filiation, tenant compte du lieu de la naissance uniquement en ce que l'individu né de parents étrangers sur le sol français pouvait acquérir, avec plus de facilité que s'il était *extraneus*, la nationalité de son pays d'origine.

Sous l'influence de considérations politiques que nous n'avons pas ici à examiner (1), le législateur français a pensé qu'il serait utile d'englober petit à petit dans la nationalité française les groupes étrangers qui vivaient en France sous la protection de nos lois. Le moyen d'arriver à ce résultat était de faire application aux étrangers, dans la mesure où l'exigeaient les nécessités politiques, de la doctrine du *jus soli*, de

(1) V. Surville et Arthuys, *Cours élémentaire de droit international privé*, p. 49 et s. ; Weiss, *op. cit.*, t. 1, p. 51 et s., 77 et s. ; Le Sueur et Dreyfus, *op. cit.*, p. 6 et s.

façon à conférer la qualité de citoyen français aux fils ou petits-fils d'étrangers nés en France, indépendamment de toute volonté manifestée par eux expressément. Ce fut l'objet des lois métropolitaines des 7 février 1851, 16 décembre 1874, 26 juin 1889 et 22 juillet 1893. Les deux premières conféraient la qualité de Français à tout individu né en France de parents étrangers qui eux-mêmes y étaient nés. Ces lois réservaient d'ailleurs aux individus atteints par la mesure nouvelle la faculté de faire, dans l'année de leur majorité, soit une déclaration d'extranéité (loi de 1851), soit la preuve qu'ils avaient conservé leur nationalité d'origine (loi de 1874). Les lois du 26 juin 1889 et du 22 juillet 1893, aujourd'hui en vigueur, ont donné à la doctrine du *jus soli* une extension plus grande. Elles prévoient deux hypothèses : 1° le cas d'un individu né en France de parents étrangers qui eux-mêmes y sont nés. Cet individu est Français irrévocablement, sans que la répudiation de cette qualité soit possible pour lui (1) ; 2° le cas d'un individu né en France de parents étrangers nés à l'étranger. A cet égard, elle fait une importante distinction : cet individu est-il domicilié en France à l'époque de sa majorité, il est Français de plein droit, sans manifestation de volonté de sa part ; mais il a la faculté de décliner cette qualité dans l'année qui suit sa majorité, pourvu qu'il prouve qu'il a conservé la nationalité de ses parents (2). Au

---

(1) La loi du 22 juillet 1893 (art 1er) a toutefois décidé qu'il n'en était ainsi qu'autant que cet étranger serait né d'un père également né sur le territoire français. Il n'en est plus de même si la mère seule est née en France.

(2) Art. 8, § 4 C. civ., modifié par la loi du 26 juin 1889.

contraire, n'est-il pas domicilié en France à l'époque de sa majorité, il a le droit de réclamer cette qualité indépendamment de toute naturalisation, par voie de simple réclamation acquisitive, ou si, ayant été porté sur le tableau de recensement, il prend part aux opérations de recrutement sans opposer son extranéité (1).

Il est incontestable que les lois de 1851, 1874, 1889 et 1893 ont été applicables de plein droit aux fils d'étrangers européens nés sur le sol algérien, comme étant des lois modificatives du Code civil (2). C'est ce que déclare, d'ailleurs, formellement la loi du 26 juin 1889, dont l'art. 2 est ainsi conçu : « La présente loi est applicable à l'Algérie et aux colonies de la Guadeloupe, de la Martinique et de la Réunion. — Continueront toutefois de recevoir leur application, le sénatus-consulte du 14 juillet 1865 et les autres dispositions spéciales à la naturalisation en Algérie. »

Mais les lois du 26 juin 1889 et du 22 juillet 1893, seules en vigueur aujourd'hui, ont-elles pu atteindre les enfants de musulmans algériens. Ceux-ci ont-ils pu devenir citoyens français par le bienfait des articles 8, § 4, et 9 du Code civil, modifiés par les lois de 1889 et de 1893 ?

Cette question demande à être étudiée à part en ce qui concerne les musulmans indigènes et les musul-

(1) Art. 9 C. civ., modifié par les lois des 26 juin 1889 et 22 juillet 1893.

(2) Paul Sumien, *op. cit.*, p. 90 ; Besson, *op. cit.*, p. 44 ; Weiss, *op. cit.*, t. 1, p. 375 ; Audinet, monographie parue dans la *Revue algérienne* (1889, 1, 151) ; Le Sueur et Dreyfus, *op. cit.*, p. 258 ; Huc, *Commentaire du Code civil*, t. 1, p. 239.

mans étrangers. Pour les premiers, la solution ne présente aucune difficulté. Pour les seconds, elle est de celles qui soulèvent de sérieuses hésitations.

§ 1er. — *Application des lois des 26 juin 1889 et 22 juillet 1893 au musulman indigène.*

Les indigènes musulmans de l'Algérie ne peuvent, à n'en pas douter, bénéficier des dispositions des lois de 1889 et 1893. Leurs enfants, nés en Algérie, ne deviennent pas citoyens français par l'effet des nouveaux art. 8 et 9 du Code civil (1). A l'appui de cette solution, les arguments se pressent nombreux : il est évident tout d'abord, que la loi de 1889 n'a eu en vue que la situation des étrangers et qu'elle n'a pu, en aucune façon, viser des individus qui sont Français en vertu de la qualité de sujet qui leur appartient, et qui sont restés sous l'empire des dispositions du sénatus-consulte de 1865 et des textes qui l'ont complété ou modifié. Or ces textes, dont l'application est formellement réservée par l'art. 2 de la loi du 26 juin 1889, ne parlent pas de l'acquisition possible des droits attachés à la qualité de citoyen français en Algérie comme découlant du bienfait de la loi. Il n'y a donc pour l'indigène d'autre mode d'acquisition de cette qualité que celle qui consiste en un acte du pouvoir exécutif (2). Ne serait-ce pas, d'ailleurs, porter une

(1) Surville, deux monographies parues dans la *Revue critique de législation et de jurisprudence* (1894, p. 258, et 1897, p. 210) ; Besson. *op. cit.*, p. 74.

(2) Surville, *op. cit.*, (1897, p. 210).

atteinte aux engagements contractés par la France dans l'acte de capitulation d'Alger que de faire application aux indigènes d'une disposition légale leur conférant, indépendamment de toute volonté par eux manifestée, une qualité emportant renonciation involontaire à leur statut personnel et, par suite, au libre exercice de leur religion ? Il pourra paraître illogique que la situation de l'indigène musulman soit sur ce point inférieure à celle des étrangers ordinaires. Il faut peut-être s'en féliciter, car l'application de la loi de 1889 aurait pu avoir pour résultat de conférer les droits du citoyen à des indigènes qui se seraient montré plus ou moins hostiles à la domination française. La concession du droit de cité par l'autorité française permet d'éviter un pareil résultat.

§ 2. — *Application des lois des 26 juin 1889 et 22 juillet 1893 au musulman étranger.*

L'application des nouveaux art. 8, § 4 et 9 du Code civil au musulman étranger nous paraît beaucoup plus douteuse, sinon en droit, du moins en législation, bien qu'elle soit reconnue sans hésitation par la jurisprudence. La Cour d'appel d'Alger et, sur pourvoi, la Cour de cassation ont eu récemment l'occasion de trancher des litiges élevés à propos de la nationalité des fils de musulmans étrangers, nés en territoire algérien et domiciliés en Algérie à l'époque de leur majorité. Ces deux juridictions ont admis sans difficulté que ces fils de musulmans étaient devenus citoyens français par le bienfait des lois de 1889 et 1893 (1). Il est intéressant de signaler aussi qu'elles ont donné des solutions identiques à l'égard des fils d'israélites étrangers nés sur le sol algérien (2).

Quel est le fondement de cette jurisprudence ? On ne peut soutenir, dit la Cour d'appel d'Alger (3), que les fils d'étrangers originaires des pays musulmans ne sauraient bénéficier des dispositions de la loi de 1889, sous prétexte que le statut personnel musulman serait contraire au statut personnel français, une semblable disposition ne reposant sur aucune loi, et tout étranger, quelle que soit son origine, perdant son statut personnel originaire lorsqu'il est déclaré Français par une disposition de la loi civile.

Il est incontestable que la solution donnée par ces arrêts a pour elle le texte même des lois du 26 juin 1889 et du 22 juillet 1893, qui ne font aucune distinction

(1) Alger, 13 décembre 1889 (*Rev. alg.*, 1889, 2, 90) ; Cass. 17 mai 1897, aff. Raimpault (*Rev. alg.*, 1897, 2, 232 ; *Journ.* de Robe, 1897, p. 322).

(2) Décidé que l'israélite né en Algérie de parents étrangers, originaires de pays musulmans (Marocains, Tunisiens, etc.,) se trouve dans les conditions d'un individu né en France de parents étrangers et peut se prévaloir des art. 8, § 4 et 9 du Code civil : Alger, 29 mars 1893 (*Rev. alg.*, 1893, 2, 225 ; *Journ.* de Robe, 1893, p. 160) ; Cass. 22 avril 1896, aff. Attaïech et Droz (S. 97, 1, 97 et S. 98, 1.47). Par suite, s'il a pris part aux opérations du recrutement sans opposer son extranéité, il doit être inscrit sur les listes électorales en vertu des dispositions qui viennent d'être citées : Cass. 22 avril 1896, aff. Ben Aïoun (S. 96, 1, 241). V. aussi Trib. Guelma, 23 avril 1896 (*Rev. alg.*, 1897, 2, 234 ; *Journ.* de Robe, 1896, p. 272).

(3) Arrêt précité du 13 décembre 1889.

entre les fils d'étrangers européens, et les fils d'étrangers musulmans. Aussi bien est-il impossible de soutenir, si l'on se place sur le terrain du droit strict, que ces textes législatifs ne visent pas la situation des enfants des étrangers musulmans nés en Algérie, et de refuser à ces derniers la nationalité française, s'ils se trouvent, d'autre part, dans les conditions prévues par ces lois.

Mais il faut reconnaître que la solution de la jurisprudence aboutit à des résultats contraires au bon sens.

Comment mieux traiter le fils du musulman étranger que celui du musulman indigène? Cependant, cette conséquence découle de la théorie de la jurisprudence, qui fait bénéficier le fils du musulman étranger d'une faveur qu'on refuse au fils du musulman indigène, alors qu'il paraît peu conforme à l'esprit de notre législation de mieux traiter le musulman étranger que le musulman indigène et de reconnaître au premier des droits qui sont déniés au second (1). Bien plus, si l'on envisage une autre conséquence possible de la théorie de la jurisprudence, on est frappé par son caractère choquant: le fils du musulman étranger, devenu Français par le bienfait de la loi de 1889, renonce implicitement à son statut personnel et se soumet au statut personnel français. Il devra, par suite, contracter mariage conformément à la loi française et se soumettre à toutes les conséquences du mariage français. Mais ce fils de musul-

(1) Besson, *op. cit.*, p. 82, note 1.

man, à qui la nationalité française est imposée par la loi, peut ignorer sa nouvelle condition, et, en fait, il l'ignorera le plus souvent ; il pourra arriver qu'il contracte mariage suivant la loi islamique. S'il épouse plusieurs femmes, il se trouvera à son insu coupable du crime de bigamie, pour lequel il devra être poursuivi, alors que, dans sa pensée, il avait obéi à la loi de ses pères ! Et il ne pourra pas se retrancher derrière son ignorance, car nul n'est censé ignorer la loi ! L'inconséquence de ce résultat ne suffit-elle pas à faire rejeter l'application aux fils d'indigènes musulmans de la loi de 1889 ? D'autre part, peut-on dire que les musulmans étrangers (marocains, tunisiens, persans, turcs), soient assez avancés en civilisation pour qu'il leur soit permis d'exercer les droits de citoyen ? Et n'y aurait-il pas aussi dans la collation de ces droits une atteinte grave portée au libre exercice de leur religion, puisque le statut personnel français serait substitué à leur égard au statut personnel musulman ?

Ces considérations nous amènent à penser qu'il y aurait intérêt à ce que les fils des musulmans étrangers, nés en Algérie et y domiciliés à l'époque de leur majorité, fussent étrangers comme leur père, et n'eussent d'autre ressource, pour acquérir la nationalité française, que de la réclamer conformément aux règles du sénatus-consulte de 1865.

Les rares auteurs qui ont étudié la question se sont prononcé dans le même sens que la jurisprudence et ont accepté, avec quelque regret il faut l'avouer, l'inconséquence des résultats que nous avons constatée (1).

(1) Besson, *op. cit.*, p. 82, note 1 ; Surville, monographie

Deux d'entre eux, pourtant, se sont refusé à l'admettre (1). M. Albert Tissier estime, notamment, qu'il n'y a pas lieu d'établir une distinction entre les fils d'étrangers et les fils d'indigènes musulmans nés en Algérie. Il pense, comme nous, que les familles musulmanes venues du Maroc, de Tunisie, des pays du Sud de l'Algérie, sont évidemment bien inférieures en civilisation à celles établies avant 1830 en Algérie, qui ont vécu pendant soixante-dix ans près de nous, se sont habituées à nos mœurs et à nos institutions, et qui, pourtant, ne peuvent bénéficier de la loi du 26 juin 1889. « Et, cependant, écrit M. Tissier, les enfants des familles venues des pays voisins seront citoyens français par cela seul que, nés en Algérie, ils y seront domiciliés lors de leur majorité et ne réclameront pas la qualité d'étrangers ; ils seront citoyens français malgré eux et de plein droit, s'ils naissent en Algérie d'un père lui-même né en Algérie. Et, en même temps, par la plus étrange des contradictions, les membres des anciennes familles, plus accoutumés à notre administration, à nos idées, resteront sujets et ne pourront acquérir les droits de citoyen que par la naturalisation individuelle ! S'il y avait une distinction à établir, ce serait dans le sens inverse. Nous n'admettons pas qu'on puisse, dans l'état actuel de notre législation, im-

parue dans la *Revue critique de législation et de jurisprudence* (1897, p. 211) ; Note anonyme sous Cass., 18, 22, 27 avril 1896 (S. 96, 1, 243, 3ᵉ col.). M. Besson, principalement, formule une sérieuse hésitation.

(1) Albert Tissier, note sous Cass., 18 et 22 avril 1896 (S. 97, 1, 98, 3° col.) ; Charpentier, *Précis de législation algérienne*, p. 286, note, *in fine*.

poser la qualité de citoyen aux musulmans des familles qui viendraient s'établir en Algérie, leur imposer l'application de toutes les lois françaises à l'exclusion des lois musulmanes, les contraindre à l'abandon de leur statut personnel. Non ! Les musulmans n'acquièrent pas les droits de citoyen avec la nationalité française ; ils ne sont pas dans la même condition que les autres étrangers nés en Algérie ».

Cette dernière opinion, présente un avantage : c'est d'éviter une grave contradiction que nous avons pu relever dans les solutions de la jurisprudence. Cette contradiction résulte d'une décision rendue à l'occasion de l'application de la loi du 12 décembre 1851, sur le commerce des armes et munitions de guerre. Dans un arrêt important (1), la Cour de cassation assimile le musulman étranger au musulman indigène, en décidant que tous deux tombent sous le coup de la loi du 12 décembre 1851, qui pourtant ne parle que des « indigènes ». S'il en est ainsi, comment expliquer que cette assimilation ne soit pas complète, et qu'elle n'ait plus lieu au point de vue de l'application de la loi de 1889 aux enfants de ces musulmans ?

Mais, n'y a-t-il pas antinomie à prétendre que la loi de 1889 ne s'applique pas aux musulmans étrangers, en ce qui concerne la naturalisation par bienfait de la loi, alors que nous avons exprimé plus haut que cette même loi leur est applicable, dans une certaine mesure, en ce qui concerne la naturalisation volontaire ? (V. *suprà*, p. 26). La loi de 1889 ne forme-t-elle pas un

(1) Cass., 1ᵉʳ juillet 1882 (*Bull. jud. alg.*, 1884, p. 161).

ensemble juridique indivisible ? Nous ne le pensons pas. Il y aurait certes contradiction à soutenir que la disposition de l'art. 8, § 4, C. civ., modifié par la loi de 1889, ne s'applique pas aux étrangers européens, car cette loi a été en bloc promulguée en Algérie. Mais il n'y en a aucune à prétendre que cette même disposition est sans application à l'égard d'une partie de la population qu'elle a pu ne pas viser, puisque, faite pour la France, la loi de 1889 a principalement eu en vue les étrangers européens et non les étrangers des pays musulmans. Dans ces conditions, il peut être permis de faire des distinctions basées sur le bon sens et l'esprit qui a dû inspirer le législateur. Or, si l'on considère l'esprit dans lequel ont été rendues applicables à l'Algérie les dispositions de la loi du 26 juin 1889, on peut être amené à conclure que, à défaut d'indications contraires dans les travaux préparatoires, il faut rejeter les dispositions qu'il a dû être raisonnablement dans l'intention du législateur de considérer comme inapplicables à une certaine catégorie d'individus.

CHAPITRE DEUXIÈME

Nous avons vu, dans le chapitre précédent, que la qualité de Français peut appartenir aux musulmans de l'Algérie, soit à titre de sujet, soit à titre de citoyen. Elle entraîne, dans chaque cas, des conséquences juridiques particulières qu'il convient d'étudier successivement.

TITRE I. — *Effets de la nationalité française à l'égard des musulmans sujets français.*

Rechercher quels sont les effets de la nationalité française à l'égard des musulmans sujets français, revient à se demander quelles sont les modifications que la conquête a entraînées dans la condition juridique des indigènes musulmans. En d'autres termes, nous avons à déterminer dans quelle mesure les indigènes musulmans se sont trouvé soustraits, par le fait de l'annexion et des actes législatifs postérieurs émanés du gouvernement français, à l'empire de la loi musulmane et à la juridiction des tribunaux musulmans. Cette étude faite, nous verrons si l'indigène ne peut se

Albert Hugues 4

trouver, sans qu'il ait acquis pour cela la qualité de citoyen, dans une situation intermédiaire le plaçant, tout au moins d'une façon relative, sous l'empire de la législation et de la juridiction françaises. Cette dernière question fera l'objet d'une section consacrée à l'option de législation et de juridiction.

Section I. — Législation applicable aux indigènes non naturalisés.

Bien que les indigènes musulmans aient la nationalité française, ils ne sont pas soumis au même régime légal que les nationaux français et les étrangers naturalisés. Suivant en cela l'exemple des Romains, qui faisaient entrer dans les principes de leur politique de respecter les coutumes indigènes des cités et des nations vaincues (1), le gouvernement français n'a pas voulu conférer aux indigènes algériens le titre et les droits du citoyen. Il a justement pensé que si les efforts de la nation française devaient tendre à l'assimilation légale des individus habitant le territoire, cette fusion des races devait être poursuivie par étapes successives plutôt qu'être accomplie brusquement, par la concession faite à toute la masse, qui n'y était nullement préparée et qui s'y serait montré réfractaire, des droits et prérogatives attachées à la qualité de citoyen. Aussi bien, en attendant que l'œuvre d'assimilation fût consommée, a-t-il fallu que le législateur,

(1) Aulu-Gelle, *Nuits attiques*, I, IV, 4 ; Gaïus, *Commentaires*, I, 55, 189 et 193.

en même temps qu'il assurait aux indigènes le libre exercice de leur religion et la juste application de leurs lois civiles, mît ces individus, sur le terrain politique, dans un état d'infériorité qui seul pouvait assurer dans la colonie la prépondérance à l'élément national, et les plaçât, au point de vue des lois de police et de sûreté, sous un régime de quasi-suspicion, rendu nécessaire par les difficultés venues des obstacles qu'ils opposaient à la domination française.

Afin de jeter une pleine lumière sur la situation légale qui est faite aux indigènes par leur qualité de sujet français, nous allons étudier brièvement le régime des lois d'ordre politique, des lois pénales et de sûreté, celui des lois civiles et des lois de compétence.

§ 1er. — *Lois d'ordre politique.*

La situation légale des indigènes musulmans au point de vue des droits publics et politiques est réglée par le sénatus-consulte du 14 juillet 1865, qui leur refuse la jouissance de ces droits, tant qu'ils n'ont pas obtenu leur naturalisation (1).

Il en résulte que les indigènes musulmans ne jouissent pas, en principe, des droits qui sont inhérents à la qualité de citoyen ; ils sont, par conséquent, exclus de toute participation à l'exercice des droits politiques ; ils ne sont ni électeurs, ni éligibles, soit au Parlement (2), soit aux conseils généraux.

(1) V. à ce sujet le rapport de M. le conseiller Massé, sous Cass., 5 mai 1879 (D. P. 79, 1, 225).
(2) Loi du 2 août 1875, art. 11.

Toutefois, le décret du 23 septembre 1875, relatif à l'organisation des conseils généraux de l'Algérie, dispose, dans ses articles 1 et 5, que six assesseurs musulmans, choisis parmi les notables par le gouverneur général de l'Algérie, siégeront dans les conseils, au même titre que les membres élus, sauf qu'ils n'auront pas droit de participer à l'élection des sénateurs. Ils peuvent, d'ailleurs, en leur qualité de membres d'un conseil général d'Algérie, faire partie du conseil supérieur du gouvernement.

D'autre part, les indigènes musulmans sont électeurs et éligibles aux conseils municipaux, lorsqu'ils réunissent les conditions prévues par le décret du 7 avril 1884. D'après l'article 1 de ce décret, ils ont droit à une représentation spéciale chaque fois qu'ils atteignent le chiffre de 100 habitants dans la commune ; ils peuvent y être élus dans la proportion du quart de l'effectif total du conseil, sans que jamais leur nombre puisse dépasser le chiffre de six, ni être inférieur à celui de deux. Les articles 2 et 3 déterminent les conditions d'électorat et d'éligibité aux conseils municipaux. Sont seuls électeurs les indigènes qui ont réclamé leur inscription sur la liste électorale et qui sont âgés de 25 ans, justifient de deux années de résidence consécutives dans la commune et se trouvent, en outre, dans une des situations suivantes : propriétaire foncier ou fermier d'une propriété rurale ; employé de l'Etat, du département ou de la commune ; membre de la Légion d'honneur, décoré de la médaille militaire, d'une médaille d'honneur ou d'une médaille commémorative donnée ou autorisée par le gouverne-

ment français, ou titulaire d'une pension de retraite.
Peuvent être élus au titre indigène : les citoyens français remplissant d'ailleurs les conditions d'éligibilité
de la loi française et les indigènes musulmans âgés de
25 ans, domiciliés depuis trois ans dans la commune
et inscrits sur la liste des électeurs musulmans de la
commune. D'après l'article 4 du décret, les conseillers musulmans siègent au conseil municipal au même
titre que les conseillers français, sauf toutefois qu'ils
ne prennent part à l'élection du maire et des adjoints
et à la désignation des délégués pour les élections sénatoriales qu'à la condition d'être citoyens français.

Les droits politiques des indigènes ont été étendus
tout récemment par un décret du 23 août 1898, instituant les *Délégations financières algériennes*, corps
politique ayant pour but d'apporter au gouverneur
général le concours d'opinions libres, d'avis éclairés
et de vœux réfléchis sur toutes les questions d'impôts
et de taxes assimilées (1). Ces délégations comprennent
une section arabe et une section kabyle, chargées de
faire entendre la voix des indigènes lorsque les impôts
arabes sont en jeu. Leurs attributions sont purement
consultatives.

Enfin, un décret du même jour introduit quatre
membres de la délégation indigène, dont un de la section kabyle, et de plus trois notables indigènes, dans
la composition du Conseil supérieur du gouvernement.

Il résulte de ces textes que les indigènes sont, en
principe, exclus de la participation aux institutions

(1) V. le rapport précédant ce décret dans le *Journal officiel* du 25 août 1898.

politiques de la France ; ils ne sont appelés à exercer des droits qu'autant qu'un texte spécial les leur a attribués. On doit donc, en règle générale, leur refuser la jouissance de tous les droits qui impliquent le titre de citoyen, par conséquent, non seulement de ceux qui consistent dans la mise en œuvre des droits de vote et d'éligibilité, mais encore de ceux qui confinent à ces droits : il en est ainsi principalement du droit de faire partie des commissions chargées de statuer sur les réclamations en matière électorale (1).

Les indigènes musulmans, n'étant pas citoyens français, ne sont pas soumis à l'obligation du service militaire et sont exclus de l'exercice des hautes fonctions publiques, lesquelles semblent ne devoir appartenir qu'à des hommes dont l'origine garantit le dévouement. Telles sont les fonctions de magistrat, de juré, et tous les hauts emplois civils qui emportent détention de la puissance publique. Mais le gouvernement français n'a pas entendu les frapper d'une incapacité absolue de ce chef, et la règle que nous venons de formuler comporte d'importantes exceptions.

Tout d'abord, l'indigène peut être admis sur sa demande à servir dans les armées de terre et de mer (2).

(1) Cass. 5 mai 1879 (*Bull. jud. alg.*, 1879, p. 225 ; *Journ. de Robe*, 1879, p. 305 ; S. 79, 1, 302 ; D. P. 79, 1, 225). V. à ce sujet les observations de M. le conseiller rapporteur Massé, sous l'arrêt précité (D. P. 79, 1, 225).

(2) Sénatus-consulte du 14 juillet 1865, art. 2, § 2. Le décret du 21 avril 1866, rendu pour l'exécution du sénatus-consulte, a déterminé (titres I et II) les conditions d'admission, de service et d'avancement des indigènes de l'Algérie dans les armées de terre et de mer. Ces conditions ont été successive-

On a justement pensé que, de tous les moyens propres
à hâter la fusion des races, le plus efficace sans contredit était la faculté offerte à une population essentiellement belliqueuse de se mêler aux rangs d'une armée
dont ses propres défaites lui avaient révélé la vail-
lance (1).

En second lieu, le sénatus-consulte a, également
dans le but de rapprocher les indigènes de leurs vainqueurs, disposé qu'ils peuvent être appelés en Algérie
à des fonctions et emplois civils qui seront déterminés
par un règlement d'administration publique postérieur (2). L'énumération des emplois faite par le règlement annoncé est strictement limitative (3) ; ce qui ne
fait pas obstacle, d'une part, à ce que l'indigène puisse
remplir des fonctions dont l'exercice n'est pas subor-
donné à la possession et à la jouissance des droits de
citoyen, telles que celle d'avocat (4), et, d'autre part, à

ment modifiées par deux décrets du 10 août 1889 et du 22 septembre 1898.

(1) V. le rapport de M. Delangle, au Sénat, sur le sénatus-
consulte (Estoublon et Lefébure, *Code de l'Algérie annoté*,
p. 304, en note).

(2) Art. 2 et 5 du sénatus-consulte. Ce règlement est intervenu à la date des 21 avril-5 mai 1866. Un tableau annexé à
ce décret contient l'énumération des fonctions et emplois civils
auxquels peut être appelé l'indigène. V. aussi le décret des 24
octobre-10 novembre 1870, art. 2.

(3) Argument tiré de l'art. 10, § 2, du décret de 1866.

(4) Alger, 24 février 1862 (Estoublon, *Jur. alg.*, 1862, p. 12 ;
D. P. 62, 2, 179) et sur pourvoi Cass , 15 février 1364 (Estoublon, *Jur. alg.*, 1864, p. 4 ; S. 64, 1, 113 ; D. P. 64, 1, 67).
V. à ce sujet *Pandectes françaises*, Répert. v° *Avocat*, n° 2228
et s.

ce que des textes législatifs postérieurs admettent l'indigène à l'exercice d'autres professions. C'est ainsi qu'une loi du 23 février 1881 a déterminé les conditions suivant lesquelles les indigènes musulmans pouvaient faire partie des conseils de prud'hommes, mais à titre purement consultatif (1).

L'indigène musulman peut-il être nommé tuteur, subrogé-tuteur ou membre d'un conseil de famille d'un mineur français? L'affirmative est enseignée. « Si, en effet, écrit M. Hamel (2), les indigènes non naturalisés n'ont pas la qualité de citoyen, ils sont néanmoins Français et, comme tels, admissibles à un certain nombre d'emplois... Or, ces emplois ont tous les caractères des charges publiques et touchent à des intérêts considérables. L'accès en étant ouvert aux indigènes, comment leur fermer celui de la tutelle, sous le seul prétexte qu'elle constitue une fonction publique ? » L'opinion de M. Hamel ne pourrait s'imposer qu'autant que les indigènes seraient, en principe, capables d'accéder à tous les emplois publics français. Mais nous savons que leur droit d'exercer certaines fonctions est tout exceptionnel et ne peut exister qu'en vertu d'un texte. Or, on ne trouve aucune loi ou décret leur permettant d'accéder aux emplois de tuteur, subrogé-tu-

(1) Cons. préf. Oran, 22 mars 1888 (*Pand. fr. pér.*, 88, 4, 19) ; Conseil d'Etat, 19 décembre 1891 (S. 93, 3, 138). V. les *Pandectes françaises*, Répert., v° *Conseils de prud'hommes*, n° 755 et s.

(2) Hamel, *De la naturalisation des indigènes musulmans de l'Algérie*, monographie parue dans la *Revue algérienne* (1887, 1, 43).

teur ou membre de conseil de famille. Et cela se justifie aisément. Comment expliquerait-on, en effet,
que la tutelle et l'assemblée de famille, qui exigent
l'application consciente et raisonnée du droit français, pussent être aux mains d'individus dont l'esprit
est imbu uniquement des règles du droit musulman, auxquelles eux-mêmes obéissent, et qui, sans
doute, ignorent d'une façon absolue la loi française ?
En admettant même qu'ils soient instruits de celle-ci,
ne serait-il pas à craindre qu'ils ne fissent une mauvaise application d'une loi qu'ils réprouvent et que
les intérêts du mineur ne fussent en souffrance ? En
outre, comment régler, dans l'opinion adverse, le
conflit des lois française et musulmane, qui résulte
de ce que l'hypothèque légale qui frappe les biens
du tuteur est une institution purement française,
n'ayant pas d'analogue en droit musulman ?

Les indigènes musulmans ont le droit de jouir de
toutes les prérogatives qui sont attachées à la qualité
de Français plutôt qu'à celle de citoyen. C'est ainsi
notamment qu'ils sont à l'étranger protégés par les
agents diplomatiques de la France (1), et qu'ils jouissent de tous les avantages attachés à la qualité de
protégés français, notamment celui d'être soumis à la
loi pénale française et à la juridiction des consuls

(1) Béquet, *Répertoire*, v° *Algérie*, n° 707 ; Le Sueur et
Dreyfus, *La Nationalité*, p. 260. V. l'exposé des motifs du
sénatus-consulte par le conseiller d'État Flandin (Estcublon
et Lefébure, *Code de l'Algérie annoté*, p. 302, en note).

français, lorsqu'ils résident aux Echelles du Levant (1).
Lorsqu'ils sont établis en Tunisie, les indigènes musulmans bénéficient d'une situation particulière résultant de leur qualité de sujet français : ils sont assimilés aux citoyens français au point de vue de la juridiction qui est appelée à trancher les litiges dans lesquels
ils sont intéressés, et sont, par conséquent, exclusivement justiciables des tribunaux français de Tunisie (2). Il est à remarquer, toutefois, que cette dernière
conséquence n'a plus aujourd'hui l'importance qu'elle
avait autrefois, alors que la Tunisie était soumise au
régime des capitulations. Depuis la loi du 27 mars
1883, en effet, les tribunaux français de la Régence de
Tunis y fonctionnent régulièrement et rendent la justice aux étrangers, comme aux nationaux, les gouver-
nements européens ayant reconnu la nécessité de
renoncer aux capitulations et de se conformer au droit
commun (3).

La nationalité française, qui appartient aux indigènes musulmans entraîne aussi des conséquences
intéressantes en ce qui concerne la matière de l'extradition. D'une part, ils sont protégés par la règle de
droit international, d'après laquelle un Etat ne livre

(1) Nous verrons plus loin (p. 79) que l'indigène musulman établi à l'étranger continue à profiter des règles de son
statut personnel,

(2) Alger, 1er juillet 1893 (*Rev. alg.*, 1893, p. 422) ; Trib.
Tunis, 17 juin 1895 (*Rev. alg.*, 1896, p. 127). — Charpentier,
op. cit., p. 258

(3) V. *Pandectes françaises*, Répert., v⁰ *Echelles du
Levant*, n⁰ 151.

pas ses propres nationaux (1). Si donc un indigène musulman, après avoir commis un crime à l'étranger, se réfugie en France ou en Algérie, le gouvernement français ne peut pas accorder son extradition à l'Etat requérant. D'autre part, lorsqu'un indigène musulman, coupable d'un crime sur le territoire algérien, s'est réfugié dans l'un des Etats placés sous l'empire des capitulations, le gouvernement français n'a nullement besoin de requérir son extradition par voie diplomatique ; l'indigène peut être arrêté par notre consul, en vertu d'un mandement de justice décerné par les autorités judiciaires françaises (2). Si cet indigène s'est réfugié en Tunisie, où le régime des capitulations a été aboli après l'établissement de notre protectorat, sa situation, au point de vue de l'extradition, est réglée par une convention intervenue le 17 mai 1884 entre le gouvernement français et la régence de Tunis, convention dont l'art. 2 ne fait, en somme, qu'étendre aux indigènes algériens la législation internationale préexistante : « Les algériens poursuivis pour crimes ou délits commis dans leur pays d'origine et réfugiés en Tunisie, pourront être extradés sur le vu d'un mandat émis par le juge d'Algérie compétent et visé par le parquet de Tunis ». Il résulte de ce document que les délinquants algériens réfugiés en Tunisie sont traités autrement que des étrangers, puisque leur extradition a lieu en dehors de toute négociation diplomatique ; ils ne sont pas néanmoins dans la

(1) V. *Pandectes françaises*, Répert, v° *Extradition* n° 98 et s., et les autorités citées.

(2) Conf. le même répertoire, n° 202 et s.

même situation que les citoyens français, qui ont commis un crime en territoire français ou algérien et se sont réfugiés dans la Régence, puisque ceux-ci sont soumis, en vertu des articles 2 et 7 de la loi du 27 mars 1883, organique de la justice française, à la juridiction des tribunaux français de Tunisie, suivant les dispositions du Code d'instruction criminelle, qui donnent compétence au tribunal dans le ressort duquel le délinquant a été arrêté.

Tels sont, en résumé, les droits d'ordre politique qui résultent pour les indigènes musulmans de leur qualité de sujet français. Parallèlement à ces droits, le gouvernement a laissé subsister à leur profit certaines prérogatives qui tiennent plutôt à leur qualité de musulman qu'à celle de Français : il en est ainsi, par exemple, du droit d'occuper certains emplois arabes, comme ceux de cadi, de bach-adel, d'adel, de caïd, d'adjoint indigène, etc. A l'inverse, ils sont tenus de certaines charges qui les frappent en tant qu'indigènes musulmans ; telle est l'obligation de payer les impôts arabes.

§ 2. — *Lois pénales et de surveillance.*

Depuis l'ordonnance du 28 février 1841, les indigènes non naturalisés sont régis par la loi pénale française et sont soumis à la juridiction des tribunaux répressifs français. Toutefois, pour les délits ou crimes commis en territoire militaire, les indigènes sont justiciables non point des tribunaux correctionnels ou des cours d'assises, mais des conseils de guerre et de révision (1); nous verrons aussi que, en dehors du régime pénal proprement dit, qui est commun aux citoyens français et aux indigènes, il existe un système de répression et de surveillance spécial aux indigènes non naturalisés et organisé dans un intérêt politique.

*
* *

RÉGIME PÉNAL. — Il est une règle qui domine notre droit pénal : c'est que les lois de police et de sûreté obligent tous les individus qui habitent ou résident sur le territoire français, quelles que soient leur religion et leur nationalité (C. civ., art. 3). Si cette règle fondamentale avait été dès le début applicable à l'Algérie, où le Code pénal et le Code d'instruction criminelle ont été exécutoires sans promulgation par le seul fait de l'annexion (2), il en serait résulté que, dès le jour de cette annexion, c'est-à-dire dès la promulgation de l'ordonnance du 22 juillet 1834, les Codes criminels français se seraient trouvé obligatoires pour les indigènes musulmans de l'Algérie. Cette règle ne fut pas toutefois appliquée *de plano* à la population musulmane. S'il était de bonne politique, d'une part, que le gouvernement français se réservât d'appliquer la loi pénale française à ceux qui se rendraient coupables d'actes délictueux et s'assurât en même temps de l'impartialité de nos tribunaux contre ceux que la justice aurait à atteindre, et, d'autre part, qu'il édictât des peines sévères contre ceux qui jetteraient des fer-

(1) Ordonnance du 10 août 1834 ; décret du 10 avril 1851 ; décret du 29 avril 1854 ; décret du 29 août 1874, art. 16, § 3.
(2) Conf. Paul Sumien, *op. cit.*, p. 56 et s.

ments de révolte et troubleraient l'ordre public établi
en Algérie, il importait au plus haut degré de ne pas
éveiller la susceptibilité des indigènes par l'application de mesures prises trop hâtivement et qui eussent
été propres à faire naître dans leur esprit des sentiments de défiance envers la nation française. Or, ce
péril eût certainement été encouru, si, dès le début,
le gouvernement les avait soumis à la loi pénale française et avait substitué aux tribunaux musulmans les
tribunaux criminels français.

Ces considérations expliquent pourquoi l'autorité a
laissé subsister dans une certaine mesure, au début de
la conquête, des juridictions musulmanes chargées
d'appliquer la loi indigène pour la répression des crimes ou délits commis par des musulmans (1). Mais,
ces mesures avaient le grave défaut de tolérer en
Algérie la rivalité des lois pénales indigènes et des lois
pénales françaises, ce qui était une atteinte à la souveraineté française, contrairement aux principes fon-
damentaux de l'article 3 du Code civil.

Les ordonnances du 28 février 1841 et des 26 sep-
tembre-22 octobre 1842, firent cesser cette inconséquence en proclamant la suprématie de la loi pénale
française sur la loi indigène, soit pour les compétences, soit pour les pénalités. Cette législation s'est
encore trouvé affirmée par la Constitution du 4 novembre 1848, dont l'article 109 a déclaré l'Algérie
territoire français. La jurisprudence en a conclu que

(1) Arrêté du général en chef du 15 octobre 1830, art. 1 ;
arrêté du 22 octobre 1830, art. 1, 2, 3, 4 ; arrêté du 16 août
1832, art. 1, 6, 7 ; arrêté du 10 août 1834, art. 33, 34, 39.

les indigènes musulmans se sont trouvé, par cette assimilation, soumis aux mêmes pénalités que les nationaux, pour toutes les infractions par eux commises à la loi française (1).

Depuis l'ordonnance de 1842, le régime pénal des indigènes n'a reçu que de très légères modifications.

L'art. 3 du décret des 31 décembre-14 janvier 1860 confirme le pouvoir pour les tribunaux français de juger les infractions punies par le Code pénal. L'art. 16 du décret du 29 août 1874 contient une disposition analogue à l'égard des indigènes kabyles, dont la soumission à la France ne date que de 1857.

Aux termes de l'article 2 du décret du 10 septembre 1886, réorganisant la justice musulmane, tous les indigènes musulmans résidant en Algérie sont régis par la loi française pour la poursuite et la répression de leurs crimes, délits et contraventions. Cette disposition est reproduite dans l'article 2 du décret du 17 avril 1889, aujourd'hui en vigueur.

Comme on le voit, ces textes ne font qu'affirmer le droit contenu dans l'ordonnance de 1842. Ils ne touchent nullement aux principes proclamés par elle (2).

Les tribunaux algériens appliquent rigoureusement la règle qui soumet les indigènes algériens à l'observation de la loi pénale française. Ils ont fait de ce principe quelques applications intéressantes.

(1) Cass., 10 janvier 1873 (S. 73, 1, 428 ; D. P. 73, 1, 271) ; Alger, 3 décembre 1886 (*Journ.* de Robe, 1886, p. 519).

(2) V. sur ces différents points : Maurice Gentil, l'*Administration de la justice musulmane* (Thèse de Paris).

Il a été jugé, notamment, que la loi pénale française régit les indigènes non naturalisés, en matière d'adultère comme en toute autre, et qu'il importe peu, à cet égard, que les formes du mariage musulman diffèrent de celles du Code civil (1).

Une décision remarquable a été aussi rendue par le conseil de revision d'Alger, à l'occasion d'un attentat à la pudeur commis par un indigène du territoire militaire sur la personne de sa femme impubère. Cette juridiction a décidé que si le mariage entre impubères est autorisé par la loi musulmane, cette immunité n'autorise nullement les époux à consommer le mariage avant l'époque de la nubilité ; que l'article 331 du Code pénal, qui punit tout attentat à la pudeur consommé ou tenté sans violence sur la personne d'un enfant de moins de treize ans, réprime l'attentat du mari musulman sur sa femme non nubile, et cela par application de l'article 1er du décret du 17 avril 1889 (2). A plus forte raison a-t-il pu être décidé que le mari musulman d'une femme impubère ne peut user de violence envers celle-ci sans commettre le crime de viol et être passible des travaux forcés (3).

Il est à remarquer que la question soumise, dans les espèces qui précèdent, soit au conseil de révision, soit à la Cour d'assises d'Alger, était étrangère à la validité

(1) Alger, 10 novembre 1894 (Journal *la Loi*, du 23 mars 1895).

(2) Cons. perm. rév. Alger, 12 février 1891 (*Pand. fr. pér.*, 91, 4, 26 ; *Rev. alg.*, 1891, 2, 198; journal *le Droit* du 1er mai 1891). V. aussi Alger, 9 février 1891 (*Rev. alg.*, 1892, 2, 31).

(3) Cour d'ass. d'Alger, 24 juin 1895 (*Rev. alg.*, 1895, 2, 398).

même du mariage. Le seul point en discussion était de savoir quelle était la loi pénale applicable. Ces deux juridictions décident en faveur de la loi française. Elles rendent ainsi une solution parfaitement conforme aux principes du droit pénal applicable aux indigènes musulmans non naturalisés.

Si tel est le régime auquel sont soumis les indigènes musulmans, il faut toutefois observer que, par respect pour l'acte de Capitulation, les parquets algériens tempèrent, dans une certaine mesure, la rigueur du principe. C'est ainsi que le ministère public s'abstient de toute poursuite lorsque, pour des cas où l'ordre et la tranquillité publics ne sont pas en jeu, la loi pénale française est en contradiction absolue avec la loi musulmane. Par exemple, on n'intente pas une poursuite contre un musulman pour crime de bigamie (1).

*
* *

Lois de surveillance. — Nous avons dit qu'à côté du régime pénal applicable aux indigènes et qui est commun à tous les habitants du territoire algérien, il existe un système de répression extraordinaire, spécial aux indigènes non naturalisés, et établi dans l'intérêt de la domination française en Algérie. Ce système a été organisé en vue de prévenir ou de punir les actes d'insoumission commis par les musulmans et aussi de réprimer certaines infractions qui ne sont pas de nature à être déférées devant les juridictions de droit commun. Il est essentiel d'examiner rapidement à cet égard :

(1) Henry Hugues, *La justice française et le droit en Algérie*, monographie parue dans la *France judiciaire* (1878-79, 1re part., p. 332).

Albert Hugues   5

1⁰ Le régime disciplinaire auquel sont soumis les indigènes non naturalisés ; 2⁰ Le régime des lois d'ordre public auquel ils sont tenus de se conformer.

Régime disciplinaire (1). — Un système de répression extraordinaire a été établi tout d'abord pour les indigènes du territoire militaire (2). Des commissions disciplinaires ont été créées par un arrêté ministériel du 21 septembre 1858. Elles avaient pour mission d'exercer des pouvoirs de répression dans certains cas déterminés et de suppléer à l'insuffisance des juridictions répressives de droit commun. L'art. 4 de l'arrêté du 5 avril 1860 attribuait à des commissions disciplinaires, créées à Alger près du commandant supérieur, et dans chaque chef-lieu de subdivision et de cercle, la connaissance des actes d'hostilité, crimes et délits commis par les indigènes en territoire militaire, et qu'il n'était pas possible de déférer aux conseils de guerre.

C'est l'arrêté ministériel du 14 novembre 1874 qui règle aujourd'hui l'organisation des commissions disciplinaires en territoire militaire. Il existe à Alger une commission disciplinaire supérieure composée du gouverneur général, du directeur général des affaires civiles et financières (aujourd'hui secrétaire général du

____

(1) V. sur le régime disciplinaire des indigènes : Rinn, *Régime pénal de l'indigénat en Algérie*, dans la *Revue algérienne* (1885, 1, 53 et s.) ; Prévot-Leygonie, *Les pouvoirs disciplinaires des administrateurs des communes mixtes en Algérie*, dans la *Revue algérienne* (1890. 1. 81 et s.).

(2) Arrêté ministériel du 1ᵉʳ septembre 1834, art. 15 ; Circ. gouv. du 12 février 844 ; arrêté minist. du 4 mars 1858.

gouvernement), du procureur général, du chef d'état-major général, de l'amiral commandant la marine, du général commandant le génie (art. 2). Au chef-lieu de chaque subdivision sont créées des commissions composées du commandant de la subdivision, d'un membre du parquet ou du juge de paix, de deux officiers supérieurs désignés par le commandant de subdivision (art. 6). Dans chaque chef-lieu de cercle sont organisées des commissions composées du commandant de cercle, du juge de paix et d'un officier de la garnison (art. 7).

D'après l'article 13, ces commissions sont chargées de réprimer tout acte d'hostilité, tout crime ou délit commis par un indigène du territoire militaire non naturalisé citoyen français et qu'il est impossible de déférer aux tribunaux civils ou militaires.

La commission disciplinaire supérieure propose l'éloignement de l'Algérie ou l'internement (1) des indigènes signalés comme dangereux et les peines supérieures à celles que peuvent prononcer les commissions de subdivision ou de cercle (art. 14).

Les commissions disciplinaires de cercle ou de subdivision peuvent prononcer la peine d'amende et la détention dans un pénitencier indigène jusqu'à un taux fixé par l'article 16.

En dehors de ces commissions disciplinaires, l'arrêté du 14 novembre 1874 confère des pouvoirs de

(1) Le peine de l'internement est réglée par l'arrêté min. du 25 février 1865. V. une dépêche du min. de l'intérieur du 24 décembre 1897 relative aux pouvoirs du gouverneur en matière d'internement des indigènes.

répression aux chefs militaires pour les contraventions de police et fautes commises dans le service militaire ou administratif, pour les méfaits ou délits dont l'importance n'excède pas cinquante francs (art. 25). Ils peuvent prononcer des peines variant entre quinze jours et deux mois de prison, cinquante francs et trois cents francs d'amende (art. 26). Les chefs indigènes peuvent également infliger des amendes jusqu'à vingt francs, mais jamais l'emprisonnement (art. 27).

En territoire civil, il n'existe plus aujourd'hui de commissions disciplinaires (1). Un régime de répression particulier aux indigènes non naturalisés a été organisé par le décret du 29 août 1874, spécial à la Kabylie.

D'après l'article 17 de ce décret, les indigènes non naturalisés peuvent, en territoire civil, être poursuivis et condamnés aux peines de simple police fixées par les articles 464, 465 et 466 du Code pénal, pour infractions spéciales à l'indigénat, non prévues par la loi française, mais déterminées dans des arrêtés préfectoraux. Les juges de simple police statueront en cette matière sans frais et sans appel. L'organisation introduite par ce décret a été étendue à tout le territoire civil par un décret du 11 septembre 1874.

En 1881, à la suite de l'extension du territoire civil par la création de nouvelles communes mixtes aux dépens du territoire militaire, on songea à donner aux administrateurs quelques-uns de ces pouvoirs disci-

(1) Celles qui avaient été créées par l'arrêté ministériel du 26 février 1872 ont été supprimées par l'arrêté ministériel du 14 novembre 1874.

plinaires qui avaient été si utiles aux commandants de cercle pour assurer le respect et l'obéissance des indigènes (1). Ce fut une loi du 28 juin 1881 qui conféra aux administrateurs de communes mixtes les pouvoirs leur permettant d'infliger directement aux indigènes coupables d'infractions à l'indigénat les peines de simple police. Ces pouvoirs ne leur étaient confiés que pour sept ans. Ils furent prorogés pour deux ans par la loi du 27 juin 1888.

Dans le système de la loi de 1888, les infractions à l'indigénat ne sont plus déterminées par des arrêtés préfectoraux, mais par la loi elle-même dans un tableau annexé.

Les pouvoirs des administrateurs ont été renouvelés pour sept ans par la loi du 25 juin 1890, puis prorogés pour six mois par une loi du 14 juin 1897. Tout récemment, une nouvelle prorogation de ces pouvoirs pour sept années a été accordée par la loi du 21 décembre 1897 (2). Ces dernières lois introduisent une modification importante au régime des lois de 1881 et 1888 : elles autorisent l'appel des décisions des administrateurs devant le préfet ou le sous-préfet, lorsque la peine infligée dépasse vingt-quatre heures de prison ou 5 fr. d'amende.

A côté de ces pénalités disciplinaires, il existe des

(1) Charpentier, *op. cit.*, p. 247.

(2) V. le rapport fait à la Chambre des députés par M. Etienne Flandin et la circulaire du gouverneur général en date du 29 décembre 1897 (Estoublon et Lefébure, Supplément 1896-1897 au *Code de l'Algérie annoté*, p. 123, note 3 (*a* et *b*).

moyens de répression spéciaux à l'égard des indigènes qui ont commis des actes d'hostilité (insurrections, incendies de forêts, etc.), envers la France : le séquestre (1) et la responsabilité collective (2). Ces mesures répressives atteignent les indigènes non naturalisés non plus dans leurs personnes, mais dans leurs biens (3).

Il est aussi très important de noter que le gouverneur général est investi par des textes spéciaux du droit de prendre un arrêté d'expulsion à l'égard de tout indigène dont la présence compromettrait ou troublerait l'ordre ou la tranquillité publique. Ce droit d'expulsion est une des manifestations les plus originales de la situation spéciale dans laquelle se trouvent les indigènes non naturalisés.

Il montre bien que les indigènes ne sont pas traités comme des citoyens français, car ceux-ci ne peuvent être l'objet d'une mesure d'expulsion ; mais qu'ils ne sont pas cependant considérés comme des étrangers, puisque leur exclusion du territoire algérien est prévue par des textes particuliers, tandis que celle des étrangers est autorisée par la loi française du 3 décembre 1849, applicable à l'Algérie.

Les pouvoirs du gouverneur général en matière d'ex-

(1) Ordonnance du 31 octobre 1845 ; loi du 17 juillet 1874, art. 6 ; décret du 30 juin 1877.

(2) Circul. gouv. du 2 janvier 1844 ; arr. min. du 28 décembre 1858 ; cir. min. du 8 mai 1859 ; loi du 17 juillet 1874.

(3) V. sur le séquestre et la responsabilité collective : Charpentier, *op. cit.*, p. 249 et s.

pulsion des indigènes lui ont été attribués par l'arrêté ministériel du 1er septembre 1834, dont l'art. 15 chargeait ce haut fonctionnaire de la haute police sous le double rapport de la tranquillité publique et de la sûreté du dehors, et lui donnait un droit soit d'exclusion pure et simple d'une ou plusieurs des localités comprises dans son gouvernement, soit d'exclusion à temps ou illimitée de tout le territoire de l'Algérie (1). Un arrêté du gouverneur général du 14 juin 1841, réglait l'application de ce droit d'expulsion. Il est à remarquer que ces pouvoirs de haute police qui appartenaient au gouverneur étaient des pouvoirs généraux, que celui-ci pouvait exercer non seulement à l'égard des indigènes, mais encore à l'égard des étrangers, et même des citoyens français.

Un décret du 16 décembre 1848, dans son article 6, a enlevé au gouverneur général les pouvoirs de haute police qui lui étaient conférés par l'arrêté du 1er septembre 1834, ou du moins il a restreint ces pouvoirs aux mesures autorisées par les lois de la métropole. Aussi bien, a-t-on pu conclure de ce texte que les indigènes ne pouvaient plus désormais être l'objet d'aucun arrêté d'expulsion, pas plus que n'auraient pu l'être les citoyens français. Si cette conclusion était exacte, il faut reconnaître que la solution qu'elle donne n'est plus soutenable, du moins en ce qui concerne les indi-

(1) Antérieurement à l'arrêté du 1er septembre 1834, un arrêté du général en chef, en date du 25 juin 1831, frappait d'expulsion tout indigène convaincu de tenir des propos alarmants, avec peine de mort dans le cas où celui-ci rentrerait sur le territoire.

gènes non naturalisés, depuis que l'art. 3 du décret du 23 août 1898 a attribué au gouverneur général le droit d'exercer à l'égard des indigènes musulmans les pouvoirs de haute police prévus par la législation spéciale de l'Algérie et lui a ainsi rendu les pouvoirs exorbitants qu'il avait autrefois en matière d'expulsion.

Lois d'ordre public. — Indépendamment des textes édictant des peines disciplinaires en vue de réprimer les actes d'hostilité qui pourraient être commis envers la France, il a été établi en Algérie un ensemble de lois en vue de prévenir ces mêmes actes. L'une des plus importantes est celle contenue dans le décret du 12 décembre 1851, interdisant aux indigènes le commerce des armes et munitions de guerre. Le décret de 1851 n'a nullement été abrogé par le sénatus-consulte du 14 juillet 1865 (1).

On peut encore citer, dans le même ordre d'idées, les dispositions du même décret, qui interdisent aux indigènes la simple détention d'armes et de poudre.

§ 3. — *Lois civiles.*

Lorsque l'on étudie le régime civil applicable aux indigènes non naturalisés, on a l'habitude de considérer successivement deux périodes distinctes : celle antérieure au sénatus-consulte du 14 juillet 1865 et celle postérieure à cet acte. Ce n'est pas que, par le seul fait de la promulgation du sénatus-consulte, la condition légale des indigènes ait subi de modification sen-

(1) Alger, 15 décembre 1865 (Estoublon, *Jur. alg.*, 1865, p. 56).

sible. Mais ce texte législatif a une telle importance au point de vue de l'étude du droit des personnes en Algérie, puisqu'il a consacré législativement la nationalité française chez les indigènes, qu'il constitue le fondement de la législation en notre matière et qu'il est dès lors naturel d'en faire le point de départ d'une période nouvelle.

Si l'on considère d'abord la période antérieure au sénatus-consulte, on est, de suite, frappé de la dérogation apportée par les textes législatifs au droit commun qui régit les annexions de territoire. La promulgation de l'ordonnance du 22 juillet 1834, considérée comme contenant déclaration d'annexion, aurait dû avoir pour résultat de soumettre *de plano* les indigènes musulmans à la législation civile française. Mais nous avons exposé que le gouvernement français, afin de ne pas heurter les croyances et les traditions d'une population pour laquelle la religion se confond avec la loi, avait dû assurer dans l'acte de capitulation d'Alger le libre exercice de la religion musulmane. Ce principe ne fut pas entamé par les actes postérieurs, les ordonnances des 10 août 1834 (1) et 26 septembre 1842. Bien au contraire, cette dernière ordonnance reconnaissait explicitement le maintien du statut indigène pour la solution des questions relatives à l'état et à la capacité des personnes (2).

(1) Trib. sup. Alger, 20 mars 1841 (Estoublon, *Jur. alg.*, 1841, p. 2).

(2) Jugé expressément que, sous l'empire de l'ordonnance de 1842, la forme et les effets du mariage contracté entre indi-

En matière personnelle et mobilière, les indigènes étaient présumés avoir contracté entre eux suivant la loi musulmane, sauf convention contraire (1).

En ce qui concerne le régime des biens, la loi musulmane conservait son autorité, toutes les fois que la contestation s'élevait entre parties musulmanes (2).

Cependant la loi française avait quelques points d'application, tout au moins en matière de statut réel et d'interprétation des conventions : c'était lorsque la contestation s'élevait entre indigènes musulmans et des citoyens français ou des étrangers (3).

Si l'on se place maintenant dans la période postérieure au sénatus-consulte, on s'aperçoit qu'il n'est résulté aucun changement dans la condition civile de l'indigène musulman. L'article 1er de ce texte dit, en effet, que l'indigène « continuera d'être régi par la loi musulmane ». Or, le sénatus-consulte n'est pas un texte modificatif ; il est simplement un texte interpré-

gènes sont réglés par leur loi personnelle : Alger, 3 mars 1858 (Estoublon, *Jur. alg.*, 1858, p. 16) ; Alger, 22 mai 1865 (Estoublon, *Jur. alg.*, 1865, p. 23), et qu'il en est de même en ce qui concerne la capacité de tester et les formes du testament : Alger, 1er avril 1851 (Estoublon, *Jur. alg.*, 1851, p. 20) ; Alger, 25 novembre 1861 (Estoublon, *Jur. alg.*, 1861, p. 63 ; *Journ.* de Robe, 1861, p. 253) et, sur pourvoi, Cass., 29 mai 1865 (Estoublon, *Jur. alg.*, 1865, p. 27 ; *Journ.* de Robe, 1865, p. 23 et 180 ; S. 65. 1. 378 ; D. D. 65. 1. 482).

(1) Ordonnance du 10 août 1834, art. 31 ; ordonnance du 26 septembre-22 octobre 1842, art. 37.

(2) Loi du 16 juin-15 juillet 1851, art. 16 ; ordonnance du 1er-21 octobre 1844, art. 4.

(3) Ordonnance du 10 août 1834, art. 31 ; ordonnance du 26 septembre 1842, art. 37 ; ordonnance du 1er octobre 1844, art. 4 ; loi du 16 juin 1851, art. 16.

tatif du droit antérieur (1). L'indigène est, dès lors, resté régi par les textes mêmes qui réglaient sa condition avant sa promulgation. Ce fut seulement le décret du 13 décembre 1866 qui, tout en maintenant les principes reçus jusqu'à lui, apporta quelques modifications à l'état législatif antérieur.

Aux termes de ce décret, la loi musulmane régit toutes conventions et contestations civiles et commerciales entre musulmans indigènes et entre ceux-ci et les musulmans étrangers, ainsi que les questions d'Etat (2) (art. 1er).

Mais les décrets du 10 septembre 1886 et du 17 avril 1889 ont rétréci dans une assez large mesure le domaine d'application de la loi musulmane. Au lieu de donner, comme les textes antérieurs, force générale à la loi islamique, ils déterminent les matières

(1) V. la jurisprudence citée *suprà*, p. 15, note 1.

(2) Application a été faite de la loi musulmane à l'égard de la forme, des effets, de la preuve du mariage contracté entre indigènes, de l'exécution et du réglement des conventions matrimoniales : Alger, 3 février 1868 (Estoublon, *Jur. alg.*, 1868, p. 5 ; *Journ.* de Robe, 1868, p. 27) ; Alger, 13 janvier 1881 (*Bull. jud. alg.* 1882, p. 66 ; *Journ.* de Robe, 1881, p. 270) ; Alger, 21 mai 1895 (*Journ.* de Robe, 1895, p. 236) ; à l'égard de demandes en réintégration du domicile conjugal et en divorce : Alger, 3 février 1868, précité ; Alger, 20 juin 1883 (*Journ.* de Robe, 1883, p. 317) ; Alger, 1er juillet 1893 (*Rev. alg.*, 1893. 2. 422) ; à l'égard de ventes de biens de mineurs ou d'interdits musulmans : Cass. 13 juin 1893 (D. P. 94. 1. 169) ; en matière de tutelle d'enfants mineurs : Alger, 21 nobembre 1866 (Estoublon, *Jur. alg.*, 1866, p. 47 ; *Journ.* de Robe, 1866, p. 284 ; S. 67. 2. 38) ; ou de nomination de conseil judiciaire au prodigue musulman : Alger, 22 juin 1869 (S. 69. 2. 177 ; D. P. 69. 2. 136).

qui seront exceptionnellement placées sous son empire, les autres étant désormais régies par la loi française. Aux termes de l'article 1er du décret de 1889, les seules matières pour lesquelles les indigènes restent régis par leur droit et leurs coutumes sont celles relatives à leur statut personnel, à leurs successions, et à ceux de leurs immeubles dont la propriété n'est pas établie par la loi du 26 juillet 1873 (1) sur la propriété ou par un titre français administratif, notarié ou judiciaire. Pour toutes les autres matières, la loi française devient applicable, avec cette restriction toutefois, en matière personnelle et mobilière, que le juge tiendra compte, dans l'interprétation des conventions, dans l'appréciation des faits, dans l'admission de la preuve, des coutumes et usages des parties.

Il faut observer, d'ailleurs, que, bien que l'état des personnes continue à être régi par la loi musulmane, cette règle a été tempérée par la loi du 23 mars 1882, qui a organisé l'état civil des indigènes.

Il résulte de cette législation que, lorsqu'une contestation n'intéresse que des indigènes musulmans, la loi musulmane est applicable dans les limites tracées par l'art. 1er du décret de 1889. Mais lorsque le litige éclate entre indigènes musulmans et un citoyen français ou un étranger, la loi française seule trouve

(1) Loi du 26 juillet 1873, art. 1, 2, 3. V. sur le régime de la propriété musulmane : Robe, *La propriété immobiliére en Algérie* ; Eyssautier, *Le statut réel français*, étude parue dans la *Revue algérienne*, (1887, p. 59, 83, 111, 135, 147, 189) ; Pouyanne, *De la propriété en Algérie* (Thèse de Paris) ; Besson, *op. cit.* p. 286, et s.

son application (1). Cela résulte de ce que, dans le système du décret de 1889, la loi musulmane est une loi d'exception.

*
* *

Il est facile de voir que le sénatus-consulte de 1865 et les textes qui le développent sont dérogatoires au droit commun. Ils proclament, en effet, que les indigènes musulmans, qui sont Français, continuent cependant à obéir à une loi qui n'est pas la loi française. Il est intéressant de se demander si cette dérogation au droit commun est attachée au fait par le musulman de sa résidence en territoire algérien. En d'autres termes, la condition légale de l'indigène ne subit-elle pas de modification par l'abandon qu'il fait de l'Algérie pour aller habiter la France? Le transport de sa résidence en France n'entraîne-t-il pas pour lui soumission à la loi française?

D'après la jurisprudence, l'indigène musulman établi en France continue à jouir du bénéfice de la loi islamique. Le fait d'avoir établi son domicile sur le territoire métropolitain n'a pas pour effet de modifier sa condition juridique. Il en résulte que cet indigène reste soumis, en ce qui concerne son statut personnel et la dévolution de sa succession, au régime de sa loi originaire, tel qu'il est assuré à son profit par le décret du 17 avril 1889 (2).

(1) Ce principe était écrit textuellement dans le décret du 13 décembre 1866.

(2) Trib. Seine, 10 août 1893 (*Rev. alg.*, 1894, 2. 139; *Journ.* de Robe 1894, p. 70); Paris, 2 juillet 1896 (Journal *Le Droit* du 19 juillet 1896).

Cette jurisprudence se fonde sur ce que l'établissement par un musulman algérien de son domicile en France ne peut avoir le même effet qu'un décret de naturalisation et le soumettre de plein droit à la loi française. En tout cas, à supposer que le décret de 1889 soit sans application à son égard, le musulman algérien domicilié en France reste soumis à la loi musulmane, consacrée par le sénatus-consulte de 1865 et devenue elle-même une loi française, applicable seulement à une certaine catégorie de Français, aussi bien en Algérie que sur le territoire continental de la France, sous la seule réserve de celles de ses dispositions qui seraient contraires aux principes d'ordre public en France.

Nous ne saurions approuver cette jurisprudence, dont l'argumentation ne nous paraît fondée ni en droit ni en fait. En droit d'abord, comment dire avec elle que le sénatus-consulte de 1865 et le décret de 1889 soient exécutoires sur le territoire métropolitain, alors que ces textes n'y ont pas été l'objet d'une promulgation ? En fait, ne semble-t-il pas que le transfert du domicile en France constitue de la part de l'indigène une renonciation à l'application de la loi musulmane et une option en faveur de la loi française, non point une option spéciale comme celle dont il sera question dans la section suivante, mais une option générale au point de vue de la loi civile ? D'autant plus qu'il est incontestable que l'indigène domicilié en France échappe, par la force des choses, à la juridiction des Cadis ; il y a donc de sa part option de juridiction. Pourquoi n'y aurait-il pas option de législation ? D'ailleurs, soutenir que l'indigène domicilié en France doit se conformer à la loi civile française, cela n'équivaut point à dire, comme semble le croire la jurisprudence qui vient d'être exposée, qu'il y aurait une espèce de naturalisation dans le transfert de la résidence en France. Il est bien entendu, en effet, que cet indigène ne jouit, pas plus que par le passé, des droits publics et politiques, qui sont l'apanage des seuls citoyens français (1).

En tout cas, la solution que nous proposons ne peut être admise qu'autant que l'indigène s'est établi en France sans esprit de retour : on ne pourrait évidemment induire d'un simple voyage en France la renonciation à la loi musulmane.

Mais si l'indigène algérien va s'établir en pays étranger, il continue à profiter, comme en Algérie, des règles de son statut personnel (2). Cela ne peut faire de doute, puisque l'indigène musulman étant un étranger par rapport aux puissances européennes ou autres, celles-ci doivent lui faire application du droit de l'étranger, c'est-à-dire, suivant l'opinion admise aujourd'hui en droit international privé, respecter les règles de son statut personnel. C'est ce qui a été reconnu notamment par le ministre de la justice dans une dépêche adressée par lui au ministre de l'intérieur,

---

(1) M. Béquet (*Répertoire de droit administratif*, v° *Algérie*, n° 708) donne une solution conforme à la nôtre, mais sans exprimer aucune raison de son opinion. M. Charpentier, qui adopte la même opinion (*op. cit.*, p. 278, n° 299 *bis*), pense même que le fait de la résidence en France donnerait de plein droit à l'indigène l'exercice des droits politiques.

(2) Béquet, *Répertoire*, v° *Algérie*, n° 708.

le 13 novembre 1871 (1), pour les indigènes algériens établis en Orient, lesquels sont, d'après cette dépêche, soumis aux règles du droit musulman, soit quant aux conditions de validité du mariage, soit quant aux modes de dissolution de l'union matrimoniale.

§ 4. — *Lois de compétence civile.*

Nous avons vu plus haut que, en matière pénale, la compétence des tribunaux français s'était de bonne heure substituée à celle des tribunaux musulmans. Il n'en a pas été de même en matière civile. Tandis que les juridictions musulmanes se sont vu retirer, pour des raisons d'ordre public et de sécurité générale, tout pouvoir pour la répression des crimes et délits commis par des indigènes non naturalisés, ces mêmes juridictions ont continué à être investies, dans une mesure de plus en plus étroite il est vrai, des pouvoirs juridictionnels civils qui leur appartenaient autrefois.

Il peut paraître contraire aux principes d'une bonne législation que les indigènes musulmans, déclarés Français par les dispositions de la loi, aient pu être et soient encore aujourd'hui justiciables de tribunaux autres que les tribunaux français de droit commun. Cette dérogation aux règles de la procédure était commandée par des nécessités d'ordre supérieur : arracher aux juridictions indigènes le pouvoir de faire application aux musulmans des règles du Coran eût éveillé la méfiance de la population locale et eût été pour elle

(1) Estoublon et Lefébure, *Code de l'Algérie annoté,* p. 308, note 1 (*k*).

une juste cause d'irritation. Mais s'il était du devoir du gouvernement français de ne pas éveiller les susceptibilités de nos sujets musulmans, il était en même temps de son intérêt de mettre ceux-ci en situation d'apprécier la supériorité des tribunaux français en leur accordant la faculté d'en appeler à notre justice, et de dépouiller graduellement les tribunaux musulmans de leurs pouvoirs juridictionnels au profit de la justice française : c'est cette double pensée qui a guidé le législateur algérien dans l'élaboration des textes organisant la justice musulmane.

Pour l'exposé des règles relatives à l'organisation et à la compétence des tribunaux musulmans (1), il est indispensable de distinguer entre le territoire arabe, le territoire kabyle et la région saharienne.

Territoire arabe. — Nous n'étudierons pas les diverses transformations par lesquelles a passé l'organisation de la justice musulmane (2). Il nous suffira de dire à cet égard que le système de la compétence générale des cadis fut appliqué jusqu'en 1886. Ce qu'il est essentiel de mettre en relief, c'est la mesure dans laquelle les textes actuellement en vigueur ont laissé les indigènes non naturalisés sous l'empire de la juridiction de leurs cadis. On verra que le législa-

(1) V. Maurice Gentil, *De l'administration de la justice musulmane* (thèse de Paris).

(2) V. à cet égard : arrêté du 22 octobre 1830, art. 1 et 3 ; ordonnance du 10 août 1834, art. 27 ; ordonn. du 28 février 1841, art. 5, 33, 43 ; décret du 1er octobre 1854 ; décret du 31 décembre 1859, art. 4, 17, 18, 21, 22, 23 ; décret du 13 décembre 1866, art. 23 et 24 ; et la thèse précitée de M. Gentil.

teur [algérien a resserré dans d'étroites limites la compétence des juges musulmans.

C'est le décret du 10 septembre 1886 qui a enlevé aux cadis la juridiction de droit commun pour la conférer aux juges de paix. D'après ce texte, le cadi subsiste comme juge de premier degré, mais n'est plus désormais qu'un juge d'exception, avec une compétence restreinte à certaines matières limitativement déterminées : le statut personnel, les successions et les immeubles non régis par la loi française (1). Les autres matières appartiennent aux juges de paix. Les appels des jugements rendus en premier ressort (2) par les juges de paix et les cadis, sont portés, dans l'arrondissement d'Alger, devant la chambre musulmane de la Cour d'appel, et, dans les autres arrondissements, devant la chambre des tribunaux de première instance qui aura été déterminée par le règlement du tribunal (3).

Cette organisation est maintenue intacte par le décret du 17 avril 1889, actuellement en vigueur, qui reproduit les dispositions précédentes.

Le système du décret de 1889 a reçu une double modification en vertu du décret du 25 mai 1892 : 1° Suppression de la chambre musulmane de la Cour d'appel d'Alger, dont les attributions ont été conférées au tribunal d'Alger ; 2° Création à la Cour d'appel d'Alger d'un pouvoir régulateur chargé d'assurer l'unité de jurisprudence en matière musulmane.

(1) Décret du 10 septembre 1886, art. 1, 6, 7.
(2) Le taux du ressort est déterminé par les art. 19 et 26 du décret.
(3) Décret de 1886, art. 37 et 38.

Cette législation n'a visé que les indigènes musulmans appartenant au même rite religieux. Par conséquent, la compétence du cadi ne peut s'étendre à la solution des contestations élevées entre un indigène musulman et un européen, ou un musulman d'un autre rite, notamment un Mozabite. Ce dernier point, qui était contesté sous l'empire du décret de 1866, ne fait plus de doute aujourd'hui, le décret du 17 avril 1889 ayant conféré au juge de paix le pouvoir de statuer sur toutes les contestations relatives au statut personnel et aux droits successoraux des mozabites résidant hors du M'zab (art. 7, al. 2, 1°) (1).

Territoire kabyle. — Jusqu'en 1874, la Kabylie est restée sous la dépendance de ses *djemaas* ou assemblées locales qui assuraient le service de la justice. Actuellement, c'est le decret du 29 août 1874 qui régit l'organisation de la justice musulmane en territoire kabyle.

Ce décret ne confère aucune compétence aux cadis. Les juges de droit commun sont désormais des juges de paix de Bougie et de Tizi-Ouzou. Ces juges peuvent connaître de toutes les contestations, même de celles relatives aux questions religieuses ou d'état ; mais, au-dessus d'un certain chiffre, les affaires doivent être portées devant les tribunaux de Bougie et de Tizi-Ouzou, qui jugent également les appels des

(1) V. aussi les décrets du 18 octobre et du 29 déc. 1890, instituant à Alger, Oran et Constantine, trois cadis ibadites, devant lesquels les Mozabites ont la faculté de porter les contestations touchant à leur statut personnel et à leurs droits successoraux.

justices de paix. Les appels de ces tribunaux sont déférés à la Cour d'Alger (1).

Le décret de 1889 n'a nullement modifié les règles sur la justice musulmane en Kabylie. Il réserve, en effet, formellement l'application du décret du 29 août 1874. Mais le recours institué par le décret du 25 août 1892 est ouvert aussi bien contre les décisions rendues en Kabylie que contre celles qui sont rendues par une juridiction siégeant dans le Tell.

Région saharienne. — En dehors du Tell et de la Kabylie, la juridiction musulmane a été maintenue d'une façon générale. Les indigènes du Sahara sont trop éloignés de nous pour qu'ils aient pu être pénétrés par l'influence française. Ils se montreraient énergiquement rebelles à la substitution de la justice française à la justice musulmane. Tout ce que le gouvernement français a cru devoir faire pour le moment, c'est de soumettre la juridiction de leurs cadis à un contrôle sévère exercé par des juges français.

La justice musulmane a été organisée dans cette région par un décret du 8 janvier 1870. Ce texte n'a fait en réalité qu'appliquer le système des décrets de 1859 et 1866, sous le bénéfice de quelques modifications, notamment au point de vue de l'appel, modifications commandées par le grand éloignement des tribunaux français. Le cadi reste le juge ordinaire du premier degré. L'appel est porté devant la Cour d'Alger, pour la province d'Alger, devant les tribunaux d'Oran

1) Décret du 29 août 1874, art. 4, 7, 8, modifiés par le décret du 13 décembre 1879.

et de Constantine, pour les autres provinces, à moins
que les parties n'aient consenti à soumettre leur contestation au *midjelès*, magistrat musulman appelé à
donner un simple avis. L'appel ne peut dans ce cas
suivre son cours normal que si l'avis du midjelès est
contraire au jugement du cadi (1).

<h3 style="text-align:center">Section II. — De l'option de législation et de
juridiction.</h3>

Les indigènes musulmans, qui sont sur bien des
points régis par la loi civile islamique, et qui sont justiciables, dans la mesure que nous avons déterminée
plus haut, des tribunaux musulmans, peuvent cependant, sans acquérir le titre et les droits du citoyen, se
soumettre à la législation française et porter leurs contestations devant les tribunaux français. Ce droit
d'option présente ce côté intéressant qu'il offre à l'indigène la faculté de se placer sous l'égide de la législation et de la justice françaises, sans qu'il en résulte
pour lui renonciation générale au bénéfice de sa loi
et de ses tribunaux personnels.

Il est à remarquer que le droit d'option n'est pas
particulier aux indigènes musulmans ; il appartient
également aux étrangers établis en France ou en
Algérie, lesquels peuvent demander l'application de
la loi française dans les cas où ils pourraient revendiquer, suivant les règles du droit international privé,
l'application de leur loi personnelle. Mais l'étude de la

1) Décret du 8 janvier 1870, art. 1, 2, 5, 13, 14, 15.

faculté d'option n'en a pas moins sa place dans un ouvrage consacré à la nationalité française, car elle constitue, pour l'indigène, un droit dont l'exercice est une conséquence de la situation spéciale dans laquelle il se trouve en sa qualité de Français non naturalisé. D'autre part, ce droit d'option diffère beaucoup de celui qui appartient aux étrangers, car il est établi par des textes spéciaux et engendre des conséquences particulières qu'il est intéressant d'examiner.

§ 1er. — *De l'option de législation.*

L'option de législation est l'acte par lequel un indigène musulman manifeste la volonté, soit expresse, soit tacite, de se placer sous l'empire de la loi civile française pour la solution d'un litige dans lequel il est intéressé, alors que la loi musulmane devrait légalement lui être appliquée. Elle n'est autre chose qu'une renonciation de la part de l'indigène à l'application de sa loi personnelle, renonciation faite à l'occasion d'un acte ou d'un fait juridique déterminé. Ce droit d'option, qui a son fondement dans de nombreux textes législatifs, se justifie par des motifs d'un haut intérêt. Il constitue un moyen des plus efficaces d'assimilation, puisqu'il permet à l'indigène d'éprouver par lui-même la supériorité de la loi française sur la loi musulmane, sans que l'essai qu'il en a ainsi fait n'entraîne pour lui déchéance générale quant à l'application de son propre statut. L'indigène pourra, dès lors, en toute connaissance de cause, réclamer par la suite le titre de citoyen,

avec les droits et prérogatives qui y sont attachés.
Cette faculté d'option est, d'ailleurs, conforme aux
principes juridiques : c'est, en effet, par une faveur
spéciale que l'indigène a conservé le bénéfice de ses
coutumes et de ses lois, puisque l'annexion aurait dû
le placer *ipso facto* sous l'empire de la loi française, en
même temps qu'elle entraînait pour lui un changement de nationalité. Or, il est de règle que l'on peut
toujours renoncer à une situation de faveur pour rentrer dans la loi générale (1). La faculté d'option se
justifie donc aussi bien au point de vue de l'intérêt
national qu'au point de vue des principes juridiques.

Après cela, il semble difficile de soutenir que l'option
de législation par les musulmans, si elle est possible en
matière de statut réel, ne doit pas être étendue aux
matières de statut personnel ; que, le statut personnel
étant immuable, il est au-dessus et en dehors des conventions des parties ; que, par suite, la personne ne doit
pouvoir renoncer à son statut personnel qu'en se déta-
chant de sa nationalité, ce qui consiste, pour les indigènes musulmans, à acquérir la qualité de citoyen (2).
Cette objection aurait quelque valeur si l'indigène était
un étranger ; pour se soustraire à son statut personnel,
il devrait alors se dépouiller de sa nationalité. Mais
nous savons qu'il possède la nationalité française ; qu'il
est soumis comme tel au droit commun de la France ;
que, par conséquent, il ne peut être question d'un
changement de nationalité pour lui permettre de

(1) Dunoyer, *op. cit.*, p. 173.
(2) Gentil, *op. cit.*, p. 116 ; Robe, *Commentaire du décret
du 17 avril 1889* (*Journ.* de Robe, 1889, p. 234).

renoncer à l'application des règles d'un statut personnel, qui est un régime d'exception.

L'option de législation a été autorisée par la plupart des textes législatifs réglant la condition des personnes en Algérie (1). Elle est prévue actuellement par le décret du 17 avril 1889. L'art. 3 de ce décret est ainsi conçu : « Dans les matières énoncées à l'article 1er du décret et qui continuent à être régies par les lois musulmanes, les musulmans peuvent renoncer par une déclaration expresse à l'application de leurs droit et coutumes pour se soumettre à la législation française. Cette déclaration d'option doit être insérée, soit dans la convention originaire, soit dans une convention spéciale. La renonciation résulte aussi, à moins de déclaration contraire, de la réception de la convention originaire par un officier public français. »

L'option de législation soulève un certain nombre de questions qu'il est intéressant d'étudier successivement : 1° A qui appartient la faculté d'option ; 2° Comment elle peut se manifester ; 3° Quels sont les effets de l'option.

1) A qui appartient la faculté d'option.

La faculté d'option appartient à tous les indigènes musulmans, qu'ils soient arabes, kabyles, mozabites, etc.

(1) Ordonnance du 10 août 1834, art. 31 ; ordonnance du 26 septembre 1842, art. 37 ; décret du 31 décembre 1859, art. 1 ; décret du 13 décembre 1866, art. 1 ; décret du 29 août 1874, art. 2 et 3 ; décret du 10 septembre 1886, art. 3.

Mais, pour que l'indigène musulman puisse valable-
blement l'exercer, il faut qu'il ait la capacité de contracter un engagement, capacité qui doit s'apprécier
suivant la loi musulmane et non suivant la loi française.
C'est ce qui a été décidé par la Cour de cassation dans
les circonstances suivantes : un indigène musulman,
qui avait été placé par son père sous l'autorité d'un
ouaci, tuteur ou conseil judiciaire musulman, avait
contracté des engagements devant un notaire français,
en l'absence de son *ouaci*. La Cour d'Alger avait annulé
ces engagements (1). Cet indigène s'était pourvu en
cassation ; il soutenait à l'appui de son pourvoi que les
incapacités qui le frappaient d'après le droit musulman ne sauraient l'empêcher de se soumettre à la loi
française, ce qu'il avait fait par sa comparution devant
un notaire français ; qu'il n'avait nullement besoin de
l'intervention de son *ouaci* pour adopter la loi française et acquérir la pleine capacité que celle-ci devait
lui accorder. Il soutenait qu'une loi d'ordre public
française, telle que le décret de 1889, ne saurait être
entravée dans son exécution par la loi musulmane, qui
n'est que tolérée et exceptionnellement admise, alors
que la loi française est le droit commun de tout indigène à raison de sa qualité de sujet français.

La Cour de cassation n'a pas jugé devoir se conformer à cette théorie. Elle a considéré que le droit des
indigènes de renoncer aux règles de leurs droit et
coutumes pour se soumettre à la loi française leur

(1) Alger, 10 mars 1890 (*Rev. alg.*, 1890, p. 266 ; *Journ.* de
Robe, 1890, p. 143).

appartient uniquement parce que cette renonciation est, en quelque sorte, une clause des contrats dans lesquels ils interviennent et qu'elle vise seulement les effets et les conséquences juridiques de la convention pour laquelle ils font la déclaration prévue par le décret (1).

Cette interprétation est approuvée par l'annotateur de l'arrêt (2), qui pense fort justement que le décret de 1889 « suppose en quelque sorte l'indigène capable de contracter et subordonne évidemment à cette capacité, nécessaire pour la validité de la convention, le droit de consentir la clause, en quelque sorte accessoire, qui en subordonne les conséquences juridiques aux règles de la législation française. »

Il a été fait une autre application de la même idée par un jugement du tribunal de Blida, qui a décidé qu'il n'y avait pas lieu de déclarer nul, en vertu de la loi française et faute d'assistance maritale, l'acte passé devant un notaire français par une femme musulmane non autorisée ni assistée de son mari (3).

2) Comment s'exerce la faculté d'option.

Il s'agit de déterminer quels sont les faits d'où résulte l'option de législation. Le décret de 1889 a tranché les difficultés qui s'étaient élevées à cet égard sous l'empire des textes antérieurs.

(1) Cass., 17 février 1891 (*Pand. fr. pér.*, 91. 1. 318 ; *Rev. alg.*. 1891. 2. 414 ; D. P. 93. 1. 325).

(2) Note au D. P. 93. 1. 325.

(3) Trib. Blida, 15 janvier 1889 (*Journ.* de Robe, 1889, p. 178).

On admettait bien que l'option de législation pouvait résulter d'une déclaration expresse faite par les parties, soit dans la convention originaire, soit dans une convention spéciale (1), de se soumettre à la législation française. Mais pouvait-elle être tacite et résulter notamment de la réception de la convention originaire par un officier public français, ou encore du fait plus fréquent de la célébration de leur mariage devant l'officier d'état civil français? Sur ce point, la jurisprudence de la Cour d'appel d'Alger avait soutenu successivement les théories contraires. Elle avait tout d'abord décidé que la circonstance que les indigènes avaient procédé à la célébration de leur mariage devant l'officier d'état civil français ne pouvait suffire pour emporter soumission de leur part à la loi française, quant au règlement des effets civils du mariage (2) ; et elle s'appuyait, pour décider ainsi, sur ce que l'intervention de l'officier d'état civil n'était qu'une affaire de forme provenant de l'application de la règle : *locus regit actum*, et qu'elle ne pouvait créer ni les conditions d'aptitude au mariage, ni les effets du mariage.

(1) Décret du 29 août 1874, art. 2.

(2) Alger, 16 novembre 1858 (Estoublon, *Jur. alg.*, 1858, p. 50 ; *Journ.* de Robe, 1859, p. 1 ; S. 59. 2. 509, P. 59. 532); Alger, 7 juin 1865 (Estoublon, *Jur. alg.*, 1865, p. 30 ; *Journ.* de Robe, 1865, p 70) ; Alger, 19 mars 1866 (Estoublon, *Jur. alg.*, 1866, p. 22 ; *Journ.* de Robe, 1867, p. 63 ; S. 67. 2. 216); Alger, 24 novembre 1875 (Estoublon, *Jur. alg.*, 1875, p. 50 ; *Journ.* de Robe, 1875, p. 232) ; Alger, 28 mars 1880 (*Journ.* de Robe, 1890, p. 148). Ces arrêts, rendus à propos d'indigènes israélites, pour des faits antérieurs au décret de naturalisation collective, pouvaient s'appliquer aux musulmans.

La Cour d'Alger avait, d'ailleurs, donné des solutions identiques en ce qui concernait la souscription d'un billet à ordre par un indigène au profit d'un autre indigène (1) et le testament fait par lui et reçu par un notaire français, sans déclaration de soumission à la loi française (2).

Toutefois, la Cour d'Alger n'avait pas à ce sujet une opinion bien arrêtée. Elle avait admis, surtout dans les dernières années, le principe opposé, qui fut d'ailleurs consacré par la Cour de cassation. Cette dernière théorie était des plus juridiques. Aucun texte, en effet, ne faisait aux indigènes une obligation de se rendre devant l'officier d'état civil pour se marier, ou devant un officier public français pour contracter ou pour tester. Leur comparution était donc bien un acte volontaire impliquant option pleine et entière en faveur de la loi française (3). Bien plus, l'interpellation faite par l'officier civil aux futurs époux sur l'existence de conventions matrimoniales n'étaient-elles pas, par elles-mêmes, indicatives d'un droit nouveau, incompatible avec le statut indigène ? C'est ce que reconnaissait la Cour de cassation, qui considérait que la célébration du mariage devant l'officier d'état civil français n'était pas seulement une affaire de forme ; qu'elle constituait un contrat solen-

(1) Alger, 28 janvier 1882 (*Journ.* de Robe, 1882, p. 153).

(2) Alger, 23 mars 1878 (*Bull. jud. alg.*, 1881, p. 239) ; Alger, 28 mars 1880, précité.

(3) Le Marchant, note dans le *Journal* de Robe (1869, p. 326) ; Dunoyer, *op. cit.*, p. 179 et s. ; Weiss, *op. cit.*, t. 1, p. 386.

nel, dont il n'était pas permis de se jouer, en invoquant une loi autre que la loi civile sous la garantie de laquelle les parties avaient contracté. « Quand l'officier d'état civil français, disait-elle, reçoit le consentement de conjoints sujets français et déclare, au nom de la loi, après lecture de cette loi, qu'ils sont unis en mariage, c'est avec les conditions de la loi française que l'union des époux est prononcée, c'est conformément à cette loi qu'elle pourra être dissoute » (1).

Quoi qu'il en soit, la difficulté n'existe plus sous

(1) Cass., 15 avril 1862 (Estoublon, *Jur. alg.*, 1862, p. 25 ; *Journ.* de Robe, 1862, p. 188). En ce sens : Alger, 20 juin 1861 (Estoublon, *Jur. alg.*, 1861, p. 43) ; Aix, 2 juin 1864 (Estoublon, *Jur. alg.*, 1864, p. 19); Alger, 2 mai 1868 (Estoublon, *Jur. alg.*, 1868, p. 28) ; Trib. Alger, 22 février 1869 (*Journ.* de Robe, 1869, p. 92) ; Trib. Alger, 2 décembre 1869 (*Journ.* de Robe, 1869, p. 225); Alger, 21 octobre 1870, sous Cass., 5 décembre 1871 (Estoublon, *Jur. alg.*, 1871, p. 28 ; *Journ.* de Robe, 1872, p. 114, S. 71.1.189, D. P. 72. 1. 313) ; Alger, 21 mars 1871 (Estoublon,*Jur.alg.*, 1871, p.11 ; *Journ.* de Robe, 1871, p. 33) ; Alger, 3 mai 1871 (*Journ.* de Robe, 1871, p. 101) ; Alger, 7 novembre 1874 (Estoublon, *Jur. alg.*, 1874, p. 63 ; *Journ.* de Robe, 1875, p. 268 ; D. P. 76. 1. 257); Alger, 13 novembre 1882 (*Bull. jud. alg.*, 1883, p. 150 ; *Journ.* de Robe, 1884, p. 163) ; Cass., 6 juin 1883 (*Journ.* de Robe, 1883, p. 325; S. 84. 1. 99 ; D. P. 83. 1. 369); Alger, 29 décembre 1885 (*Rev. alg.*, 1886. 2. 178 ; *Journ.* de Robe, 1886, p. 72) ; Trib. Sétif, 1er février 1888 (*Rev. alg.*, 1888. 2. 284 ; *Journ.* de Robe, 1888, p. 497) ; Trib. Alger, 21 mai 1891 (*Journ.* de Robe. 1891, p. 240) ; Alger, 15 juin 1892 (*Rev. alg.*, 1892. 2. 403 ; *Journ.* de Robe, 1892, p. 269, D.P. 93. 2. 339). La plupart de ces décisions, rendues à propos d'indigènes israélites, s'appliquaient sans difficulté aux indigènes musulmans.

l'empire du décret de 1889 (1). Ainsi que cela résulte du texte de l'article 3 de ce décret, reproduit plus haut, l'option de législation peut être expresse ou tacite. Elle est *expresse*, lorsqu'elle résulte d'une déclaration faite par les parties de renoncer à l'application de leurs droit et coutumes pour se soumettre à la législation française, déclaration qui peut être insérée, soit dans la convention originaire, soit dans une convention spéciale et postérieure. Elle est *tacite*, lorsque les indigènes ont passé la convention devant un officier public français. Toutefois, les parties peuvent alors se réserver l'application de leurs droit et coutumes personnelles par une déclaration formelle.

Sous l'empire des nouveaux décrets, il n'est évidemment pas douteux que l'option peut intervenir aussi bien dans les matières de statut personnel que dans celles de statut réel et en matière personnelle et mobilière

En ce qui concerne d'abord le statut personnel, elle résulte de la célébration du mariage des époux indigènes par l'officier de l'état civil français et en la forme française (2). Cela est conforme aux termes généraux de l'art. 3 du décret de 1889.

Pour nous qui avons admis que l'option, même en matière personnelle, était conforme aux principes juridiques (V. *suprà*, p. 87), le système de ce décret n'a pas besoin d'explication. Il ne fait, en somme, qu'af-

(1) Trib. Mascara, 10 avril 1895 (*Gaz. des Trib.* du 7 juillet 1895).

(2) Weiss, *op. cit.*, t. 1, p. 385 ; Besson, *op. cit.*, p. 73. — Trib. Tunis, 23 novembre 1891 (*Rev. alg.*, 1892, 2. 29 ; *Journ. de Robe*, 1892, p. 203).

firmer des règles que la jurisprudence antérieure, après de longues hésitations, avait proclamées. Mais, pour les auteurs qui soutiennent que la faculté d'option ne peut s'étendre aux matières de statut personnel, à cause du caractère d'indélébilité de ce statut (V. *suprà*, p. 87, note 2), le système consacré par le décret de 1889 paraît contenir une erreur juridique. Tout au moins, affirment-ils que la faculté de renonciation, contenue dans l'article 3, s'applique, dans la pensée du législateur, uniquement aux matières de statut réel ; que le statut personnel étant indélébile, il continue à ne pouvoir, en principe, être l'objet d'une renonciation ; et que, si le législateur a fait une exception en ce qui concerne la célébration du mariage par l'officier de l'état civil français, c'est pour obéir à une ancienne jurisprudence entrée dans les habitudes. Mais, ajoute-t-on, il ne faut pas aller plus loin ; par conséquent, le seul moyen pour un indigène musulman de renoncer à son statut personnel est de faire célébrer son mariage par l'officier d'état civil ; il ne pourrait y arriver d'une autre manière, réserve faite de la naturalisation proprement dite (1).

Cette opinion a été partagée par deux jugements du tribunal de Blida, qui ont décidé que, si l'article 3 reconnaît aux indigènes musulmans la faculté de renoncer à leur statut personnel, il a voulu que l'acte impliquant la renonciation à ce statut ne laissât aucun doute sur elle et fût de nature à l'entraîner nécessaire-

(1) Gentil, *op. cit.*, p. 256 ; Robe, *Commentaire du décret du 17 avril 1889*, monographie parue dans le *Journal* de Robe (1889, p. 235).

ment (1). C'est ainsi spécialement que l'abdication par la femme musulmane de sa capacité de disposer sans autorisation de son mari, pour adopter le régime de la loi française qui la dépouille de sa liberté et la soumet à l'autorisation maritale, résulte nécessairement et ne peut résulter que de la célébration de son mariage devant l'officier d'état civil français, parce que c'est là un acte tellement éclatant que la femme musulmane ne peut en méconnaître la portée (2). Elle ne pourrait résulter d'un autre fait, notamment d'une déclaration reçue par un notaire français.

En ce qui concerne le statut réel et en matière personnelle et mobilière, il n'a jamais été douteux pour personne que le fait par deux indigènes de faire constater une convention par un officier public français implique nécessairement option en faveur de la loi française. Ce principe, qui était certain sous l'empire des décrets antérieurs à celui de 1889, est affirmé indubitablement par l'art. 3 de ce dernier décret. Il a été consacré, d'ailleurs, par un certain nombre de décisions judiciaires, notamment par deux arrêts de la Cour d'appel d'Alger, rendus le même jour (3), qui décident que l'intention des indigènes de contracter sous l'empire de la loi française, résulte du choix d'un notaire français pour la réception de leur convention. Ces arrêts affirment ce principe à l'occasion d'une action en paiement de loyers entre musulmans, action

(1) Trib. Blida, 15 janvier et 13 mars 1889 (*Journ.* de Robe, 1889, p. 178).

(2) Trib. Blida, 15 janvier 1889, précité.

(3) Alger, 8 mars 1890 (*Journ.* de Robe, 1890, p. 184 et 265).

qui devrait être réglée, d'après l'art. 2 du décret de 1889, en faisant application de la loi française, tout en tenant compte des coutumes musulmanes, mais qui doit, dans l'espèce, être régie exclusivement par la loi française, attendu qu'elle est fondée sur un bail reçu par un notaire français.

Mais, bien que l'article 3 du décret de 1889 ait son application quelle que soit la matière du procès, un certain nombre de restrictions à la faculté d'option s'imposent par la force des choses. Il est incontestable que l'option suppose une liberté entière dans le choix de l'officier public. Si donc, la comparution devant un officier public français était prescrite obligatoirement par une disposition légale, on ne pourrait plus dire que le fait par un indigène de se présenter devant lui contient une renonciation implicite à la loi musulmane (1). Il n'y aurait, par suite, nullement option de législation dans la déclaration par un indigène de son mariage à l'officier de l'état civil, faite conformément aux prescriptions de la loi du 23 mars 1882 sur l'état civil musulman, une telle comparution, pure formalité d'ordre public, ne pouvant exercer aucune influence sur la validité de l'union et entraîner la soumission du mariage indigène aux règles du droit français (2). De même, la comparution devant un notaire français de cohéritiers musulmans pour opérer le partage d'une succession immobilière, ne saurait constituer une option implicite pour la loi française (3),

(1) Charpentier, *op. cit.*, p. 216, nº 281.
(2) Besson, *op. cit.*, p. 73.
(3) Charpentier, *op.* et *loc. cit.*

Albert Hugues

un pareil partage ne pouvant avoir lieu que devant un notaire ou un greffier-notaire français (1).

*
* *

Dans les développements qui précèdent, nous avons toujours supposé que l'option de législation s'opérait en vertu de conventions passées exclusivement entre indigènes musulmans. Mais, que doit-on décider lorsque l'une des parties contractantes appartient à une nationalité européenne, soit française, soit étrangère ? La comparution de l'indigène devant un officier public français pour faire constater la convention emporte-t-elle renonciation à l'application de sa loi personnelle ? La question ne peut se présenter qu'à l'occasion d'un mariage, car s'il s'agit d'un tout autre contrat, les textes et les principes exposés plus haut commandent l'application de la loi française pour la solution du conflit des lois (V. *suprà*, p. 76). Mais, en cas de mariage contracté entre un indigène et une femme française devant l'officier d'état civil français, s'il n'y a pas dans ce fait acquisition de la qualité de citoyen (V. *suprà*, p. 37), n'y a-t-il pas tout au moins option pour la loi française, relativement aux conditions de validité et aux effets civils du mariage ?

L'affirmative est incontestable. Puisque l'indigène musulman, qui contracte mariage selon la loi française avec une femme musulmane, renonce par là même à sa loi personnelle, il y a un *a fortiori* pour qu'il en soit ainsi dans le cas où il se marie avec une femme française. C'est ce qu'a décidé expressément le

(1) Décret du 17 avril 1889, art. 52.

tribunal de Tunis (1), qui en a conclu que le mari, indigène musulman, ne peut plus invoquer, contre sa femme française, les prescriptions du droit musulman relatives à la répudiation et au divorce par consentement mutuel, et qu'il a seulement le droit de faire la preuve des excès, sévices ou injures graves, selon la loi française. Des solutions contraires avaient, il est vrai, été données par la jurisprudence algérienne, antérieurement au décret de 1889, soit pour le cas où la femme était Française (2), soit pour celui où elle était étrangère (3). Mais il n'y a rien à conclure de ces arrêts, qui ont été probablement rendus sous l'influence de l'idée que le mariage célébré par deux indigènes devant un officier d'état civil français ne constituait pas une option en faveur de la loi française (4).

3) Effets de l'option de législation.

Le principe qui domine la matière est celui de la *spécialité* ou de la *relativité* de l'option. Il signifie que, loin d'entraîner des conséquences générales et abso-

(1) Trib. Tunis, 23 novembre 1891 (*Rev. alg*, 1892, 2. 29).

(2) Trib. sup. Alger, 20 juin 1836 (Estoublon, *Jur. alg.*, 1836, p. 15); Alger, 18 mai 1880 (*Bull. jud. alg.*, 1881, p. 78).

(3) Alger, 14 mars 1883 (*Bull. jud. alg.*, 1883. p. 112).

(4) A noter ici une intéressante circulaire du gouverneur général en date du 3 septembre 1871 (Estoublon et Lefébure, *Code de l'Algérie annoté*. p. 308, note 1 (*j*) qui décide que le mariage entre un indigène musulman et une femme française ne peut être contracté que devant l'officier d'état civil français. Il peut ensuite être célébré conformément à la loi musulmane, mais sous la production d'un acte attestant que

lues quant à l'application de la loi française, l'option produit un effet spécial et relatif, touchant seulement l'acte juridique par lequel elle s'est traduite. En d'autres termes, l'indigène ne se trouve pas avoir renoncé d'une façon entière à l'application de la loi musulmane ; il s'est borné à se soumettre à la loi française sur un point particulier, uniquement en ce qui touche le contrat ou le fait juridique à propos duquel sa volonté s'est manifestée (1).

Il est facile d'expliquer cette limitation des effets de l'option : elle est, en effet, conforme à la volonté des parties, qui ont évidemment entendu ne soumettre à l'empire de la loi française que l'acte juridique, dans sa forme et dans ses conséquences, à l'occasion duquel elles se sont prononcées. Si elles avaient voulu renoncer d'une façon générale à la loi musulmane, elles auraient eu recours à la naturalisation proprement dite, qui leur eût conféré, en outre, l'exercice des droits politiques. On ne peut soutenir, en effet, que l'option et la naturalisation soient deux procédés différents employés en vue d'un même résultat ; car s'il en était ainsi, non seulement l'option de législation n'aurait aucune raison d'être comme faisant

le mariage a eu lieu devant un maire français. En outre, l'officier d'état civil ne doit procéder au mariage que si l'indigène musulman n'est pas engagé dans les liens d'un précédent mariage contracté suivant la loi musulmane. Si, en effet, l'indigène, qui est Français, conserve son statut personnel, il ne faut pas que l'application de la loi musulmane puisse compromettre l'ordre public français.

(1) Dunoyer, *op. cit.*, p. 185 ; Besson, *op. cit.*, p. 73 ; Weiss, *op. cit.*, t. I, p. 386.

double emploi avec la naturalisation, mais « elle devrait même être interdite, comme battant celle-ci en brèche à cause de son extrême simplicité de formes. Elle équivaudrait, en effet, à une naturalisation réalisée par la seule volonté de l'optant, sans enquête et sans intervention du gouvernement » (1).

L'étude du principe de la spécialité de l'option exige le développement des deux formules suivantes : 1° L'option ne produit de conséquences qu'en ce qui concerne l'acte ou le fait juridique à l'occasion duquel elle est intervenue ; 2° Dans cette limite, elle produit des effets absolus.

PREMIÈRE FORMULE. — *L'option ne produit de conséquences qu'en ce qui touche l'acte ou le fait juridique à l'occasion duquel elle est intervenue.*

Si donc l'option a eu sa source dans la célébration du mariage devant l'officier d'état civil français, elle n'entraînera aucune conséquence en ce qui concerne la loi applicable aux matières étrangères à ce statut, lesquelles resteront régies par la loi indigène. Par suite, l'option par mariage ne pourra soustraire au domaine de la loi musulmane les questions de capacité contractuelle, réserve faite, toutefois, de l'incapacité résultant pour la femme de son mariage contracté selon la loi française, ni les difficultés que pourront soulever les conventions passées entre les mêmes parties musulmanes.

(1) Dunoyer, *op.* et *loc. cit.*

Inversement, si l'option a résulté de la réception d'un contrat devant un officier public français, par exemple, de la passation d'un bail par devant notaire, elle n'aura nullement pour effet d'arracher à l'empire de la loi indigène les matières de statut personnel, notamment celles qui concernent le mariage du musulman et sa capacité contractuelle, ni généralement les matières étrangères à l'acte qui a engendré l'option, c'est-à-dire, dans notre exemple, celles que pourrait soulever l'application du bail. De même, la déclaration insérée dans une convention relative à un immeuble n'exercera aucune influence sur l'état, sur les rapports de famille du déclarant (1).

DEUXIÈME FORMULE. — *Dans les limites tracées par la règle précédente, l'option de législation produit des effets absolus.*

En d'autres termes, l'option substitue d'une façon complète, la loi française à la loi indigène « non seulement quant aux formes extérieures de l'acte et aux conditions intrinsèques de sa validité, mais encore au point de vue des rapports juridiques dont ce contrat peut être la source » (2).

Cette règle a donné lieu de la part de tribunaux algériens à un certain nombre d'applications, soit dans les cas où l'option résultait de la célébration du mariage devant l'officier d'état civil français, soit dans

(1) Weiss, *op. cit.*, p. 386.
(2) Besson, *op. cit.*, p. 74.

d'autres où elle était la conséquence de contrats passés devant notaires. Les décisions qui ont été rendues à ce sujet intéressaient pour la plupart des indigènes israélites, mariés ou ayant contracté avant leur naturalisation collective ; mais les solutions qu'elles contiennent peuvent s'appliquer, sans inconvénient, aux indigènes musulmans.

I. — En ce qui concerne d'abord l'option par mariage, il ressort de la jurisprudence que l'empire de la loi française s'étend, par l'effet de l'option, aux conditions de validité du mariage, à ses effets civils, à ses modes de dissolution.

a). Tout d'abord, le mariage de l'indigène devant l'officier d'état civil français doit être contracté conformément aux conditions de forme et de fond établies par le Code civil au titre *Du mariage.*

La conséquence la plus importante est que ce mariage ne peut s'effectuer qu'autant que le musulman ne se trouve pas dans les liens d'un mariage antérieur, car la loi française répudie la polygamie. Cela est incontestable, si l'on suppose un premier mariage non dissous et célébré, lui aussi, conformément à la loi française. Mais s'en suit-il que l'indigène, primitivement marié selon le rite musulman, ne puisse prendre une seconde femme en se conformant aux règles du Code civil français ? En d'autres termes, l'existence d'un premier mariage contracté devant le cadi constitue-t-il un empêchement dirimant à un second mariage devant l'officier d'état civil ? La négative a été enseignée par le tribunal d'Alger, qui a décidé que si un indigène algérien (dans l'espèce, un israélite antérieu-

rement au décret du 24 octobre 1870) a contracté deux
mariages successivement, l'un conformément à sa loi
personnelle, l'autre conformément à la loi française,
le premier reste soumis aux règles du statut indigène,
l'autre à celles du droit français quant au régime civil
des époux et aux droits des héritiers (1). Mais la Cour
d'Alger avait antérieurement adopté la solution contraire; elle pensait que l'existence d'un premier
mariage musulman constituait un empêchement dirimant au second mariage que l'époux voudrait contracter avec une autre femme devant l'officier d'état
civil français (2).

Cette dernière solution nous paraît conforme aux
principes d'ordre public qui sont la base des législations européennes. On ne saurait, en effet, reconnaître
au même individu la possibilité de contracter deux
unions également valables, l'une suivant le rite musulman, l'autre suivant la loi française. Ce serait porter
atteinte à la règle de convenance et de haute moralité
qui a fait proscrire en France la polygamie. La solution donnée par le tribunal d'Alger est, d'ailleurs, en

(1) Trib. Alger, 18 juin 1863 (Estoublon, *Jur. alg.* 1864.
p. 56).

(2) Alger, 29 janvier 1857 (Estoublon, *Jur. alg.* 1857, p. 6).
La même solution résulte implicitement d'un arrêt de la même
Cour du 26 mars 1873 (Estoublon, *Jur. alg.*, 1873, p. 19;
Journ. de Robe, 1873, p. 75), qui a décidé que l'action
intentée à un officier de l'état civil français par une femme
indigène, se prétendant divorcée d'après sa loi personnelle, à
l'effet de faire contraindre celui-ci à célébrer le second
mariage qu'elle veut contracter, est subordonnée à la question de savoir si la première union a pu être dissoute par le
divorce.

opposition avec les principes sur lesquels repose l'option de législation. Nous avons exposé, en effet, que si l'indigène musulman, quoique Français, était resté soumis, après la conquête, aux règles de la loi musulmane, c'était en vertu d'une mesure de faveur, évidemment bien légitime. Mais nous avons ajouté que l'option permettait à l'indigène de renoncer à ce régime de faveur pour rentrer dans la loi générale. Or, la loi générale n'est autre que la loi française, qui proscrit la polygamie, quelle que soit sa forme. On ne peut admettre l'existence d'un double mariage, dans la personne d'un même individu, qui s'est soumis volontairement à l'observation du statut matrimonial français.

Il résulte de cette solution que si, dans l'ignorance où il se trouvait du premier mariage, l'officier d'état civil a célébré la deuxième union (1), non seulement cette seconde union devra être annulée, mais l'indigène pourra être poursuivi pour crime de bigamie. Cette dernière conséquence, qui découle des principes de notre législation pénale, peut paraître empreinte d'une sévérité excessive à l'égard d'individus qui ignorent le plus souvent leur véritable situation légale. Mais elle trouve un correctif puissant dans ce fait que l'indigène pourra ordinairement arguer de sa bonne foi et se soustraire par ce moyen aux pénalités qu'il aurait pu encourir. Et l'adage : *Nemo legem ignorare censitur* ne pourrait lui être opposé, cette règle

(1) Conf. à cet égard la circulaire du gouverneur général du 3 septembre 1871 citée *suprà*, p. 99, note 4, relative au cas où l'indigène musulman contracte mariage avec une femme française

signifiant uniquement qu'un Français n'est jamais censé ignorer sa propre loi, mais non point qu'un indigène musulman ne peut être considéré comme étant dans l'ignorance d'une loi à laquelle il ne doit pas obéissance.

La difficulté que nous venons d'examiner n'existe plus si l'on suppose l'hypothèse inverse. Un indigène marié selon la loi française ne pourrait ultérieurement prendre femme selon le rite musulman. Par son premier mariage, l'indigène a, en effet, renoncé d'une façon absolue à la loi musulmane, en ce qui concerne le mariage ; ce serait revenir sur une renonciation qui a produit des effets définitifs que lui permettre de contracter une nouvelle union devant le cadi.

b) L'option par mariage entraîne l'application de la loi française en ce qui concerne les effets civils du mariage, soit quant à la personne, soit quant aux biens.

Quant à la personne : Nous voulons dire que c'est la loi française qui déterminera les règles du statut familial, c'est-à-dire celles relatives à la puissance maritale, à la puissance paternelle, au droit de tutelle sur les enfants, etc. (1).

Quant aux biens : Ce qui signifie que le mariage contracté selon les règles du droit français emportera, en ce qui concerne les rapports pécuniaires des époux entre eux et avec leurs enfants, les mêmes conséquences que s'il avait eu lieu entre parties françaises

______

(1) Conf. Weiss, *op. cit.*, t. 1, p. 387 ; Donoyer, *op. cit.*, p. 186 ; Besson, *op. cit.*, p. 74.

d'origine, notamment en ce qui touche les obligations
et le droit alimentaires, le régime des intérêts civils,
l'usufruit légal et même le régime matrimonial (1).
C'est ainsi que les indigènes, qui se marient sans contrat devant l'officier d'état civil français, sont réputés
avoir adopté le régime de la communauté légale (2),
conformément à l'article 1393 du Code civil. C'est également d'après la loi française que devra se régler le
statut successoral des époux dans leurs rapports entre
eux et avec leurs enfants (3).

c) Enfin, la loi française seule déterminera quels
sont les modes de dissolution de l'union contractée
devant l'officier d'état civil français. Le mariage ne
pourra prendre fin, du vivant des époux, que par le
divorce et en vertu des causes que la loi française autorise. La femme se verra, par conséquent, empêchée
de faire valoir, pour obtenir le divorce, la prétendue

(1) Dunoyer, *op*. et *loc. cit.*
(2) Cass., 5 janvier 1876 (Estoublon, *Jur. alg.*, 1876, p. 1 ;
S. 76. 1. 308 ; D. P. 76. 1. 257) ; Alger, 27 mars 1882 (*Journ.
de Robe*, 1882, p. 225) ; Alger, 13 novembre 1882 (*Bull. jud.
alg.*, 1883, p. 150, *Journ.* de Robe, 1884, p. 163) ; Cass.,
6 juin 1883 (*Journ.* de Robe, 1883, p. 325 ; S. 84. 1. 99 ; D.
P. 83. 1. 369) ; Trib. Sétif, 1er février 1888 (*Rev. alg.*, 1888.
2. 284 ; *Journ.* de Robe, 1888, p. 497) ; Trib. Alger, 21 mai
1891 (*Journ.* de Robe, 1891, p. 240) ; Alger, 15 juin 1892
(*Rev. alg*, 1892. 2. 403 ; *Journ.* de Robe, 1892, p. 269 ; D.
P. 93. 2. 339).
(3) Alger, 21 octobre 1870 (Estoublon, *Jur. alg.*, 1870,
p. 24 ; *Journ.* de Robe, 1870, p. 190 ; S. 71. 1. 189 ; D.
P. 71. 1. 313) ; Alger, 22 décembre 1871 (Estoublon, *Jur.
alg.*, 1871, p. 29 ; *Journ.* de Robe, 1874, p. 256 ; S. 71. 1.
196).

impuissance naturelle de son mari (1). Ce principe avait amené les tribunaux à décider, antérieurement à la loi du 29 juillet 1884, introductive du divorce dans la législation métropolitaine, que le mariage célébré conformément à la loi française, n'était pas soumis au mode de dissolution par divorce (2), alors que le divorce était autorisé par le droit musulman.

II. — S'agit-il d'une option résultant de la réception d'un acte juridique par un officier public français, en particulier par un notaire, les mêmes principes seront applicables. La loi française sera substituée à la loi musulmane en ce qui concerne la validité de l'acte, sa force probante, et l'interprétation de la volonté des parties.

S'il s'agit, notamment, d'un contrat de mariage passé devant notaire, le régime français sera applicable aux conventions matrimoniales ainsi reçues, avec toutes les conséquences de droit en résultant (3), et ces conventions seront en principe soumises au principe de l'immutabilité contenu dans l'article 1395 du Code civil (4). Il a toutefois été jugé par la Cour d'appel

(1) Cass., 15 avril 1862 (Estoublon, *Jur. alg.*, 1862, p. 25 ; *Journ.* de Robe, 1862, p. 188 ; S. 62. 1. 577 ; D. P. 62. 1. 280).

(2) Alger, 20 juin 1861 (Estoublon, *Jur. alg.*, 1861, p. 43); Aix, 2 juin 1864 (Estoublon, *Jur. alg.*, 1864, p. 19) ; Alger, 29 décembre 1885 (*Rev. alg.*, 1886, p. 178 ; *Journ.* de Robe, 1886, p. 72).

(3) Alger, 2 mai 1868 et 21 novembre 1870 (Estoublon, *Jur. alg.*, 1868, p. 28); Alger, 21 mars 1871 (Estoublon, *Jur. alg.*, 1871, p. 11 ; *Journ.* de Robe, 1871, p. 33).

(4) Alger, 13 novembre 1882 (*Bull. jud. alg.*, 1883, p. 150 ; *Journ.* de Robe, 1884, p. 163).

d'Alger que l'intention, de la part des indigènes, de se soumettre au régime matrimonial français, pouvait résulter de déclarations faites dans des actes authen‑iques passés pendant le mariage (1). Mais une pareille solution nous paraît contraire au principe de l'immu‑tabilité des conventions matrimoniales ; c'est, d'ail‑leurs, ce qu'a reconnu la Cour de cassation, qui s'est bien gardée, sur le pourvoi, de s'approprier la solution de la Cour d'Alger (2).

S'agit-il d'une convention quelconque passée devant un notaire français, cette convention sera soumise d'une façon absolue à la loi française ; on devra, no‑tamment, lui faire application de l'art. 1341 du Code civil, qui rejette la preuve testimoniale contre et outre le contenu aux actes ou pour tout ce qui serait allégué avoir été dit avant, lors ou depuis les actes, bien qu'il s'agisse d'une somme ou valeur inférieure à 150 francs (3).

§ 2. — *De l'option de juridiction.*

L'option de juridiction est l'acte par lequel un indi‑gène musulman manifeste la volonté, soit expresse, soit tacite, de soumettre à la justice française la solu‑tion d'un litige dans lequel il est intéressé, alors que la matière du procès entre dans la compétence des tribu‑

(1) Alger, 7 novembre 1874 (Estoublon, *Jur. alg.*, 1874, p. 63 ; *Journ.* de Robe, 1875, p. 268 ; D. P. 76. 1. 257).

(2) Cass., 5 janvier 1876 (Estoublon, *Jur. alg.*, 1876, p. 1 ; S. 76. 1. 308 ; D. P. 76. 1. 257).

(3) Alger, 3 mai 1871 (*Journ.* de Robe, 1871, p. 101).

naux musulmans. L'option de juridiction se justifie par des raisons du même ordre que l'option de législation : elle est conforme à l'intérêt national, puisqu'elle permet à l'indigène de se mettre en contact avec la justice française et de juger ainsi de la supériorité des institutions françaises sur les institutions musulmanes ; et elle est conforme aux principes juridiques, puisqu'elle n'est autre chose qu'une renonciation au régime de faveur institué pour l'indigène au lendemain de la conquête, et sa soumission à la loi générale, à laquelle doivent obéir tous les Français.

Aussi n'est-il pas étonnant que l'option de juridiction ait été autorisée par tous les textes qui ont organisé la justice musulmane en Algérie (1). La faculté d'option est aujourd'hui prévue par l'art. 7 du décret du 17 avril 1889, ainsi conçu : « Les contestations relatives au statut personnel et aux successions sont portées devant le cadi. Toutefois, les parties peuvent, d'un commun accord, saisir le juge de paix. L'accord est réputé établi et le défendeur ne peut plus demander son renvoi devant une autre juridiction, lorsqu'il a, soit fourni ses défenses, soit demandé un délai pour les produire, soit laissé prendre jugement contre lui. » Et l'art. 6 du même décret dispose : « Dans tous les cas où la loi française est applicable, les musulmans sont justiciables de la juridiction française. »

(1) Ordonnance du 10 août 1834, art. 27 ; Décret du 1er octobre 1854, art. 28 ; Décret du 31 décembre 1859, art. 1, § 2, et art. 2 ; Décret du 13 décembre 1866, art. 1, § 2, et art. 2 ; Décret du 8-15 janvier 1870, art. 2 ; Décret du 10 septembre 1886, art. 7.

Deux questions sont à étudier : 1° Comment s'exerce l'option de juridiction ; 2° Quels en sont les effets.

1) Comment s'exerce l'option de juridiction.

L'option de juridiction peut se manifester de deux manières : 1° Par la volonté exprimée expressément ou tacitement par l'indigène de se soumettre à la loi française ; elle est alors une conséquence de l'option de législation ; 2° Par la comparution volontaire des parties devant la justice française dans un cas où le cadi est compétent pour trancher le différend.

I. — Tout d'abord, la soumission à la justice française résulte de l'option de législation. Cette solution, qui découle des textes (1), n'a guère besoin de justification. Si le choix de la loi française entraîne la compétence des tribunaux français, c'est que l'on ne peut abandonner aux magistrats musulmans l'application et l'interprétation d'une loi qu'ils ne connaissent pas : ce serait à la fois contraire au bon sens et à la volonté des parties.

Il en résulte que tous les faits ou actes qui constituent une option de législation entraînent en même temps soumission à la justice française en ce qui concerne ces mêmes faits ou actes (2). C'est ainsi, notamment, que l'obligation avec affectation hypothécaire,

(1) Décret du 31 décembre 1859, art. 1, § 2 ; Décret du 13 décembre 1866, art. 1, § 2 ; Décrets du 10 septembre 1886 et du 17 avril 1889, art. 6.

(2) Conf. Alger, 6 janvier 1865 (*Journ.* de Robe, 1865, p. 132).

contractée par des musulmans devant un notaire français, a pu être considérée comme impliquant l'acceptation de la juridiction française pour les actes et difficultés relatifs à son exécution (1). Nous avons cité plus haut un arrêt de la Cour d'appel d'Alger décidant que la réception d'un bail, passé entre deux musulmans, par un notaire français emportait, pour l'application de ce bail, soumission à la loi française (2). Ce même arrêt a jugé qu'elle emportait également option de juridiction. De même, l'appréciation de la validité des clauses d'un testament reçu par un notaire français est de la compétence de la justice française (3).

L'application inverse du même principe a conduit les tribunaux à décider qu'il n'y avait pas option en faveur de la juridiction, dès lors qu'il ne résultait pas des circonstances et des faits que les parties eussent soumis à la loi française la convention, objet du litige. C'est ainsi qu'il a été jugé que le cadi ne cesse pas d'être compétent parce qu'on lui produit des titres indigènes rédigés en langue française; l'emploi de la langue française ne suffit pas, en effet, pour placer la convention sous l'empire du statut français (4). La forme extérieure d'un acte ne saurait davantage faire présumer la renonciation à la loi musulmane, ni, par suite, entraîner l'incompétence des tribunaux musulmans : tel est le cas de la souscription d'un billet à

(1) Alger, 7 mars 1861 (*Journ.* de Robe, 1861, p. 103).
(2) Alger, 8 mars 1890 (*Journ.* de Robe, 1890, p. 265).
(3) Trib. Alger, 19 décembre 1892 (*Journ.* de Robe, 1893, p. 60).
(4) Alger, 5 février 1868 (*Journ.* de Robe. 1869, p. 48).

ordre par un musulman au profit d'un musulman (1).

II. — Mais l'option de juridiction n'est pas uniquement la conséquence de l'option de législation. Nous avons dit qu'elle peut résulter également de la comparution volontaire des parties devant les tribunaux français (2). Dans ce cas, l'accord entre les parties est réputé établi, et le défendeur ne peut plus demander son renvoi devant une autre juridiction, lorsqu'il a soit fourni ses défenses, soit demandé un délai pour les produire, soit laissé prendre jugement contre lui (3).

2) Effets de l'option de juridiction.

L'option de juridiction, comme l'option de législation, est régie par le principe de la *spécialité*. Elle ne produit d'effet qu'en ce qui concerne le litige à l'occasion duquel les parties ont comparu devant le tribunal français ou la contestation née à propos de l'acte juridique que les parties avaient soumis à la loi française. La naturalisation proprement dite, seule, pourrait entraîner compétence générale et absolue de la justice française.

Ce point étant hors de doute, il convient de se demander quel sera le tribunal français compétent pour juger le différend ? Les textes répondent : le juge

(1) Alger, 28 janvier 1882 (*Journ.* de Robe, 1882, p. 153).

(2) Décret du 1er octobre 1854, art. 28 ; Décret du 31 décembre 1859, art. 2 ; Décret du 13 décembre 1866, art. 2 ; Décret du 8-15 janvier 1870, art. 2 ; Décrets du 10 septembre 1886 et du 17 avril 1889, art. 7.

(3) Décret de 1889, art. 7.

de paix (1), car il est juge de droit commun des musulmans. Cette solution n'est peut-être pas très juridique. L'indigène, en effet, a, par sa soumission à la juridiction française, entendu renoncer à la justice musulmane, c'est-à-dire à la compétence du cadi, lorsqu'il s'agit d'une matière de sa compétence, et à celle du juge de paix, jugeant au titre musulman, lorsqu'il s'agit de toute autre matière. Il a voulu se ranger sous la protection de la justice française, au même titre qu'un citoyen français. La disposition qui confère compétence au juge de paix, en cas d'option de juridiction, est donc contraire à la volonté des parties. Elle n'en est pas moins appliquée par la jurisprudence avec la plus grande rigueur, puisque la Cour d'Alger décide que le tribunal civil serait incompétent pour juger la contestation, et que cette incompétence, tenant à l'ordre même des juridictions, est *ratione materiæ*, susceptible d'être relevée d'office par la Cour d'appel (2).

Nous avons dit plus haut que l'option de législation entraînait toujours l'option de juridiction. L'inverse est-il également vrai? En d'autres termes, le choix fait par les parties de la justice française emporte-t-il soumission à la loi française pour la solution du litige? La négative, qui est proclamée par la jurisprudence (3)

______

(1) Décret du 13 décembre 1866, art. 2 ; Décrets du 10 septembre 1886 et 17 avril 1889, art. 7.

(2) Alger, 6 janvier 1877 (*Journ.* de Robe, 1877, p. 113) ; Alger, 24 novembre 1877 (*Journ.* de Robe, 1878, p. 246).

(3) Alger, 4 décembre 1865 (*Journ.* de Robe, 1865, p. 180); Trib. Blida, 15 janvier 1889 (*Journ.* de Robe, 1889, p. 178).

et enseignée par tous les auteurs (1), ressort, à n'en pas douter, de l'article 2 du décret du 13 décembre 1866, qui peut être considéré, sur ce point, comme n'ayant pas été abrogé par le décret de 1889. Cet article décide que, lorsque les parties ont porté leur contestation devant la justice française, « il est alors statué *suivant les principes du droit musulman* ». Cette théorie trouve également sa justification dans ce principe que les renonciations sont de droit étroit ; elles ne sauraient être étendues à des cas analogues, surtout lorsqu'une telle extension aboutirait à un résultat contraire à celui recherché par les parties. Ce que celles-ci ont, en effet, voulu, en s'adressant à la justice française, c'est uniquement acquérir la garantie de l'intégrité de ses juges ; elles n'ont nullement entendu se soumettre en même temps à la loi française. Une pareille solution n'a, d'ailleurs, rien de contraire aux règles de la compétence *ratione materiæ*, car les tribunaux français, et en particulier le juge de paix, ont qualité pour appliquer la loi musulmane, même au premier degré de juridiction, surtout depuis que les décrets de 1886 et de 1889 ont étendu leur compétence.

Titre II. — *Effets de la nationalité française à l'égard des musulmans citoyens français.*

L'étude des effets de la nationalité française à l'égard des musulmans citoyens, ou autrement dit des effets de

(1) Dunoyer, *op. cit.*, p. 165 ; Gentil, *op. cit.*, p. 112 ; Besson, *op. cit.*, p. 176.

la naturalisation française, présente surtout de l'intérêt en ce qui concerne les musulmans indigènes. Les musulmans étrangers, devenus citoyens, se trouvent, en effet, dans la même situation légale que les étrangers européens naturalisés ; et l'étude des effets de la nationalité française à leur égard se confond avec l'étude des conséquences qu'entraîne la naturalisation à l'égard des étrangers européens. Aussi suffira-t-il, en ce qui concerne les musulmans étrangers, de rappeler les solutions généralement admises pour les autres étrangers, sans entrer dans de longues explications. Il sera intéressant, au contraire, d'étudier longuement les effets de la naturalisation à l'égard des indigènes musulmans.

Section I. — Effets de la naturalisation à l'égard des musulmans étrangers.

La naturalisation des musulmans étrangers entraînant les mêmes conséquences que celle des étrangers européens, il faut leur appliquer les règles combinées du sénatus-consulte de 1865 et de la loi du 26 juin 1889. Le musulman étranger naturalisé se trouve donc, en principe, assimilé au citoyen français d'origine, au point de vue des droits civils comme au point de vue des droits politiques.

Parmi les conséquences que la naturalisation entraîne, il en est deux dont l'application aux étrangers européens naturalisés en Algérie a soulevé quelque discussion. La même incertitude règne évidemment quant à leur application aux musulmans étrangers naturalisés. Il s'agit de savoir : 1° Quelle est l'étendue des droits politiques appartenant à l'étranger musulman naturalisé ; 2° Quels sont les effets de la naturalisation à l'égard de la femme et des enfants de ce musulman.

Sur le premier point, la difficulté est la suivante : doit-on exclure le musulman naturalisé de l'éligibilité, pendant dix ans après sa naturalisation, aux Assemblées législatives, conformément à ce que l'art. 3 de la loi du 26 juin 1889 décide pour les étrangers naturalisés dans la métropole ? L'opinion dominante se prononce pour l'affirmative. Outre que cette solution est commandée par l'intérêt général, qui exige plus impérieusement en Algérie qu'en France que les fonctions de député ou de sénateur ne soient confiées qu'à des individus dont la fidélité à la patrie française est au-dessus de tout soupçon, elle n'est nullement contredite par les textes réglant les effets de la nationalité française en Algérie. En vain dira-t-on que la loi du 26 juin 1889, réservant formellement l'application du sénatus-consulte de 1865, qui assure à l'étranger naturalisé la jouissance des « droits de citoyen français » (art. 1er), assure par là même à l'étranger naturalisé l'éligibilité législative (1). C'est, en effet, immédiatement après avoir dit, dans son article 2 : « Le sénatus-consulte continuera à recevoir son application », que la loi de 1889 ajoute, dans son article 3 : « Néanmoins, l'étranger naturalisé

_____

(1) Weiss, *op. cit.*, p. 411.

n'est éligible, etc. » Cette loi a donc eu en vue la naturalisation spéciale à l'Algérie, aussi bien que celle qui est accordée en France (1).

On doit donner une solution analogue en ce qui concerne l'application aux musulmans étrangers naturalisés des articles 2 et 3 du décret du 23 août 1898 instituant les Délégations financières algériennes, en ce que ces articles ne donnent les droits de vote aux Délégations qu'à l'étranger naturalisé depuis douze ans. Mais la difficulté n'existe pas ici, puisque le conflit législatif n'a pu naître, le décret de 1898 étant une disposition particulière à l'Algérie.

Sur le second point, l'accord est à peu près complet. On estime généralement que la loi du 26 juin 1889 (C. civ. art. 12 nouveau) est applicable à l'étranger naturalisé, en ce qu'elle dispense de stage sa femme et ses enfants majeurs, s'ils veulent obtenir la nationalité française, et en ce qu'elle confère de plein droit cette nationalité à ses enfants mineurs, avec faculté pour eux de la décliner à leur majorité (2). Cette disposition de la loi de 1889 peut, en effet, se concilier sans discussion avec les dispositions du sénatus-consulte.

(1) Audinet, *La nationalité française en Algérie (Rev. alg.*, 1889. 1. 162); Besson, *op. cit..* p. 39.

(2) Audinet, *op. cit. (Rev. alg.*, 1889. 1. 161) ; Weiss, *op. et loc. cit.* ; Besson, *op. et loc. cit.* ; Le Sueur et Dreyfus, *op. cit*, p. 259. — V. une circulaire du gouverneur général du 27 mars 1896 au sujet de la situation des enfants mineurs d'un Marocain qui demande sa naturalisation (Estoublon et Lefébure, Supplément 1896-97 au *Code de l'Algérie annoté).*

Section II. — Effets de la naturalisation
à l'égard des musulmans indigènes.

Nous étudierons successivement les conséquences que la naturalisation entraîne relativement à la personne de l'indigène naturalisé, et celles qu'elle produit sur la personne de sa femme et de ses enfants.

§ 1er. — *Effets de la naturalisation quant à la personne du naturalisé.*

Les indigènes naturalisés sont, en principe, assimilés aux citoyens français d'origine, dont ils acquièrent tous les droits, en même temps qu'ils subissent toutes les charges : «... S'ils jugent à propos de s'élever jusqu'à la condition de citoyen, disait M. Delangle dans son rapport au Sénat (1), la situation change. Appelés à participer à toutes les prérogatives qui s'attachent à ce titre, à exercer à l'occasion une certaine part de la souveraineté, ils ne peuvent être dans d'autres conditions que les citoyens français avec lesquels ils se confondent. Ce sont désormais et les mêmes droits et les mêmes devoirs. La loi française devient le guide et la règle de tous ceux qui, par naissance ou par choix, y sont assujettis. Si donc du statut qu'ils ont abandonné, naissaient des droits et des usages

(1) Rapport sur le sénatus-consulte de 1865 (Estoublon et Lefébure, *Code de l'Algérie annoté*, p. 304).

incompatibles avec la pudeur publique, avec la morale, avec le bon ordre des familles, ces droits sont anéantis. L'acceptation de la qualité de citoyen français en constitue l'abdication la plus formelle. Il ne peut, sur le sol de la patrie, exister des citoyens ayant des droits contradictoires. »

Il résulte de cette assimilation entre l'indigène naturalisé et le citoyen français d'origine que la concession du droit de cité entraîne d'importantes modifications quant à la condition politique, pénale et civile de l'individu. Nous étudierons les effets de la naturalisation française successivement sur les régimes des lois d'ordre politique, d'ordre pénal, d'ordre civil et sur celui des lois de compétence, ce qui permettra de mettre en relief, par simple référence au régime légal des indigènes non naturalisés, les profondes différences qui existent entre les qualités de sujet et de citoyen, successivement possédées par un indigène musulman.

1) Lois d'ordre politique.

Le principe qui domine la matière est que l'indigène musulman, devenu citoyen français, se trouve désormais apte à exercer tous les droits politiques et publics qui appartiennent au citoyen français de naissance. C'est ce que proclame l'article 1er du sénatus-consulte du 14 juillet 1865, aux termes duquel l'indigène naturalisé « est régi par les lois civiles et politiques de la France ». C'est également ce qu'affirment de nombreux arrêts ou jugements (1).

(1) Alger, 29 mars 1893 (*Rev. alg.*, 1893. 2. 225 ; D. P. 93. 2. 440) ; Alger, 1er juillet 1893 (*Rev. alg.*, 1893. 2. 422) ;

Il est incontestable aussi que la jouissance des droits politiques ne lui appartiendra pas seulement tant qu'il sera établi sur le sol algérien ; il pourra en revendiquer l'exercice même s'il vient à se fixer par la suite sur le sol métropolitain (1).

Il résulte de notre principe général que l'indigène musulman naturalisé est assimilé au citoyen français au point de vue de l'électorat et de l'éligibilité. Il est désormais électeur et éligible, soit au Parlement, soit aux Conseils généraux et aux Conseils municipaux, soit enfin aux Délégations financières au titre français.

Toutefois, en ce qui concerne l'éligibilité aux Assemblées législatives, il s'est élevé une difficulté de la nature que celle que nous avons signalée à propos des musulmans étrangers naturalisés. L'art. 3 de la loi du 26 juin 1889, aux termes duquel l'étranger naturalisé n'est éligible au Parlement que dix ans après le décret de naturalisation, s'applique-t-il à l'indigène musulman naturalisé ? Nous avons admis plus haut que cet article devait régir la condition politique du musulman étranger devenu citoyen, malgré l'article 2 de la même loi qui réserve formellement l'application de l'article 1er du sénatus-consulte de 1865, conférant, lui, à l'étranger naturalisé la plénitude des droits politiques.

Trib. Seine, 10 août 1893 (*Rev. alg.*, 1894. 2. 139 ; *Journ.* de Robe, 1894, p 70) ; Trib. Tizi-Ouzou, 12 mars 1896 (*Rev. alg.*, 1896. 2. 341 ; *Journ.* de Robe, 1896, p. 356) ; Paris, 2 juillet 1896 (Journal *le Droit* du 19 juillet 1896).

(1) V. l'exposé des motifs du sénatus-consulte par le conseiller d'Etat Flandin (Estoublon et Lefébure, *Code de l'Algérie annoté*, p. 302).

Si l'on appliquait à l'indigène devenu citoyen le raisonnement que l'on peut faire pour le musulman étranger, on aboutirait aux mêmes conclusions et l'on serait amené à décider que l'indigène musulman naturalisé est inéligible aux fonctions de député ou de sénateur pendant dix ans après sa naturalisation. Mais les situations ne sont pas les mêmes. A l'égard de l'indigène naturalisé, il ne peut plus s'agir d'un conflit possible résultant de la combinaison de la loi de 1889 et du sénatus-consulte de 1865, car la loi de 1889 est hors d'application. La combinaison de ces deux textes, en effet, n'est pas possible et le conflit qui en résulterait ne peut prendre naissance, puisque la loi de 1889, et en particulier l'art. 3 relatif à l'inéligibilité aux Assemblées législatives, ne vise que la naturalisation des *étrangers* et nullement celle des indigènes, laquelle n'est pas à proprement parler une naturalisation, car elle a pour but de conférer le titre de citoyen à des individus qui sont *Français* avant même de l'avoir obtenu. Dès lors, la condition politique de l'indigène naturalisé est régie uniquement par l'art. 1er du sénatus-consulte, qui attribue à celui-ci l'exercice des droits politiques sans restriction (1).

Une question de même nature peut se présenter, depuis l'institution des Délégations financières par le décret du 23 août 1898. Les articles 2 et 3 de ce décret disposent que les étrangers naturalisés ne seront électeurs aux Délégations que douze années après avoir obtenu leur naturalisation. Cette disposition, que nous

(1) Weiss, *op. cit.*, p. 398, note 2 ; Le Sueur et Dreyfus, *op. cit.*, p. 261 ; Besson, *op. cit.*, p. 77, note 1.

avons dit être applicable sans contestation possible aux musulmans étrangers naturalisés, est, au contraire, sans application aux indigènes naturalisés, en ce qui concerne leur droit de prendre part à l'élection au titre français. La condition mise par les articles 2 et 3 du décret de 1898 n'est, en effet, imposée qu'à l'*étranger* (1) qui a acquis les droits du citoyen. Elle ne peut, par conséquent, nullement viser la situation de l'indigène musulman, qui était *Français*, par droit d'indigénat, et qui s'est borné à réclamer la plénitude des droits politiques dont il exerçait auparavant une partie.

On voit par là que la condition politique des indigènes naturalisés est identique à celle des citoyens français de naissance, sans qu'aucune restriction soit venue la restreindre. Cette identité s'accuse aussi nettement en ce qui concerne l'aptitude pour l'indigène à l'exercice de toutes les hautes fonctions publiques, et au droit d'être désigné comme tuteur, subrogé-tuteur, membre d'un conseil de famille. Comme le Français d'origine, il est admis à servir dans les armées de terre et de mer, et aux mêmes conditions que lui. Il sera, par conséquent, soumis à l'obligation du service militaire, sous la restriction fixée pour l'Algérie par l'article 81 de la loi du 15 juillet 1889. Il est incontestable aussi que l'indigène sera mis désormais dans la nécessité d'acquitter les impôts français, qui sont une charge attachée à la qualité de citoyen, et qu'il ne sera plus redevable des impôts

(1) L'article 2 dit que pour être électeur aux Délégations, il faut être « *Français* depuis douze ans au moins ».

arabes, qui sont, au contraire, une charge de l'indigénat (1).

2) Lois d'ordre pénal.

L'acquisition du droit de cité française produit au profit de l'indigène musulman un plein et entier effet, soit au point de vue du régime pénal, soit au point de vue du régime de surveillance auquel il était soumis en sa qualité de sujet français.

Au point de vue pénal d'abord, l'assimilation de l'indigène naturalisé et du citoyen français fait d'autant moins de difficulté que l'indigène musulman, simple sujet de la France, se trouvait déjà lui-même, par l'effet des ordonnances du 28 février 1841 et du 26 septembre 1842 et des textes postérieurs (V. *suprà*, p. 62), soumis au régime de la loi française, soit pour les compétences, soit pour les pénalités, sauf une réserve pour les indigènes du territoire militaire qui sont justiciables des conseils de guerre. La naturalisation efface même cette dernière différence.

Au point de vue des lois de surveillance, la conces-

(1) Cons. d'Etat, 26 décembre 1879, (*Journ.* de Robe, 1880, p. 22 ; D. P. 80. 2. 43). En ce sens: Charpentier, *Précis de législation algérienne*, p. 276. On peut également citer plusieurs décisions rendues à l'égard des indigènes israélites naturalisés par le décret du 24 octobre 1870 : Cons. d'Etat, 28 novembre 1879 (*Bull. jud. alg.*, 1879, p. 370 ; S. 81. 3. 19; D. P. 80. 3. 43); Cons. d'Etat, 29 juillet 1881 (D. P. 82. 5. 16) ; Cons. d'Etat, 7 juillet 1882 (*Rev. alg.*, 1875, 2. 191); Cons. d'Etat, 27 juin 1884 (*Rev. alg.*, 1885, 2. 171).

sion à l'indigène de la qualité de citoyen le soustrait
au régime disciplinaire et à l'observation des lois auxquelles il était soumis dans un intérêt d'ordre public
en sa qualité de sujet français. Désormais donc, il ne
pourra plus se rendre coupable d'infractions à l'indigénat, n'encourra plus les peines disciplinaires du
séquestre et de la responsabilité collective ou de l'internement, et ne pourra plus être l'objet d'un arrêté
d'expulsion. Désormais aussi, il échappera aux prohi-
bitions qui sont prononcées par certaines lois d'ordre
public, notamment à celle de se livrer au commerce
des armes et munitions de guerre ou à celle d'être
détenteur de semblables objets.

Cela est incontestable, si l'on envisage des faits postérieurs au décret de naturalisation. Mais en est-il de
même si l'on suppose des actes antérieurs à ce décret,
étant donné, bien entendu, que l'on se trouve encore,
en se plaçant après la naturalisation, dans le délai
fixé pour la répression. Il s'agit, par exemple, d'une
infraction à l'indigénat, commise depuis moins d'un
an (1), ou d'une vente d'armes ou munitions de guerre
à laquelle l'indigène a participé depuis moins de trois
ans (2). La naturalisation étant survenue pendant ces

(1) Ces infractions sont, en effet, punies des peines de
simple police (Décret du 29 août 1874, art. 17; Loi du 21 décembre 1897). La prescription est donc celle que l'art. 640
du C. d'Instruction criminelle fixe pour la poursuite des contraventions.

(2) Cette infraction étant punie de peines correctionnelles
(Décret du 12 décembre 1851, art. 2), la prescription de l'action publique se poursuit par trois ans, conformément à
l'art. 638 du Code d'Instruction criminelle.

délais, aura-t-elle pour effet de soustraire l'indigène à l'application des peines fixées par les règlements ? L'affirmative ne peut faire aucun doute. Outre qu'elle paraît résulter de cette considération que les peines dont il est ici question ne peuvent en aucun cas atteindre un citoyen français, elle est commandée par l'application analogique des principes généraux du droit pénal. On se trouve, en effet, ici dans une situation comparable à celle qui se présente lorsqu'une infraction, qui a été punie par la loi pénale et qui a été accomplie sous l'empire de cette loi, cesse d'être punissable en vertu d'une loi postérieure. Par dérogation au principe de la non-rétroactivité des lois, on admet dans ce cas que la poursuite n'est plus possible, bien que l'infraction ait été commise sous l'empire de la loi ancienne (1). La situation de l'indigène devenu citoyen, qui s'est rendu coupable avant sa naturalisation d'une infraction à l'indigénat ou d'une contravention au décret du 12 décembre 1851 sur le commerce d'armes et munitions de guerre, présente une réelle analogie avec celle du délinquant dont l'infraction cesse d'être incriminée par une loi nouvelle, puisque le décret de naturalisation n'est autre chose qu'une loi nouvelle ayant pour but et pour résultat de placer l'indigène sous l'empire absolu de la loi française et notamment de la loi pénale française, et de le soustraire aux dispositions disciplinaires ou pénales qui auraient pu le frapper en sa seule qualité de sujet français.

(1) Garraud, *Traité de droit pénal français*, t. 1, n° 124, p. 184 ; Chauveau, Faustin-Hélie et Villey, *Théorie du Code pénal*, p. 1, n° 27 ; A. Blanche, *Etudes sur le Code pénal*, t. I, n° 28.

3) Lois civiles.

L'indigène musulman devenu citoyen français est soumis d'une façon absolue au régime civil de tous les Français. Il cesse d'obéir à la loi musulmane dans les matières où cette loi lui était applicable en sa qualité de sujet français. C'est ce qui résulte de l'article 1er du sénatus-consulte de 1865 et ce qui est affirmé par les arrêts que nous avons rapportés plus haut au sujet des lois d'ordre politique (V. *suprà*, p. 120, note 1).

Cette règle a une portée générale : elle s'applique, par conséquent, en matière personnelle et mobilière comme en matière de statut personnel ou de statut réel.

Tout d'abord, en matière personnelle et mobilière, il résulte de l'article 2 du décret du 17 avril 1889 sur la justice musulmane, que la loi musulmane doit être invoquée en ce qui concerne l'interprétation des conventions passées entre indigènes, l'appréciation des faits, l'admission de la preuve, des coutumes et usages des parties. Evidemment, si l'un des indigènes contractants est naturalisé, la loi française s'appliquera en ces différents points.

Les effets de la naturalisation en matière de statut personnel ou réel sont plus délicats à déterminer.

STATUT PERSONNEL. — Nous savons qu'aux termes du décret de 1889 sur la justice musulmane, les indigènes musulmans, sujets français, ont conservé le bénéfice de la loi indigène en ce qui concerne le statut personnel, c'est-à-dire les questions d'état et de capacité. La collation du titre de citoyen a évidemment pour effet de soustraire l'indigène à l'empire du statut personnel musulman et de le soumettre au statut personnel français (1). Désormais donc, la loi française est la seule qui pourra régir l'état civil du musulman (actes de l'état civil, rapports de paternité et de filiation), son mariage (conditions de validité, effets civils, puissance maritale, modes de dissolution), et son aptitude à accomplir les actes de la vie civile qui l'intéressent personnellement ou qui intéressent les personnes sur lesquelles il a un droit de tutelle ou de curatelle.

L'étude de ces différents points ne va pas toutefois sans soulever de sérieuses difficultés, sinon en ce qui concerne la condition du naturalisé lui-même, du moins en ce qui concerne les rapports du naturalisé avec sa femme et ses enfants. Nous n'étudierons pour le moment que les conséquences de notre principe sur la personne du naturalisé, les difficultés que soulève son application dans les rapports du naturalisé et de sa famille devant faire plus loin l'objet de développements spéciaux.

Etat civil. — Dire que l'indigène naturalisé se trouve placé, au point de vue de l'état civil, sous l'empire de la loi française, cela signifie qu'il sera régi par les dispositions de cette loi en ce qui concerne le mode de constatation de son état civil (actes de naissance, de mariage, de décès, transcription des jugements de di-

(1) V. le rapport de M. Delangle au Sénat, cité *suprà*, p. 119.

vorce) et les liens de paternité légitime, naturelle ou
adoptive.

Sur le premier point, il est bien certain que les actes
de mariage et de décès qui intéressent l'indigène devront être dressés conformément aux dispositions du
Code civil au titre *Des actes de l'état civil*. Quant aux
actes de naissance, de mariage ou de décès de leurs
enfants mineurs, ils seront dressés en la forme française ou en la forme prévue par la loi du 23 mars 1882
sur l'état civil des musulmans, suivant que l'on déci-
dera que la naturalisation du père entraîne ou non la
naturalisation de ses enfants, ce que nous détermine-
rons plus loin.

Mais on peut se demander sous quel nom l'indigène
musulman naturalisé devra être désigné dans les différents actes de la vie civile où il sera intéressé et, en
particulier, dans l'acte de naturalisation. La solution
de cette question nous paraît exiger une distinction
entre le cas où l'indigène a obtenu sa naturalisation
depuis la promulgation de la loi de 1882 et celui où il
était naturalisé dès avant cette époque.

Si le décret de naturalisation est postérieur à la loi
sur l'état civil, c'est le nom patronymique qui aura été
donné à l'indigène en vertu de cette loi qui devra
être porté sur l'acte de naturalisation ; dans le cas où
il n'aurait pas encore reçu de nom patronymique, on
devrait lui en donner un avant sa naturalisation, de
manière à fixer son état civil.

Si, au contraire, l'indigène avait obtenu la qualité
de citoyen avant la loi de 1882, le décret de naturalisation n'ayant pu porter un nom patronymique, l'indi-

gène y aura été désigné à la mode musulmane, par le nom sous lequel il était connu ; mais, afin d'assurer la fixité de son état civil, un nom patronymique devra lui être postérieurement accordé conformément à la loi de 1882, lequel nom devra être mis en marge du décret de naturalisation, par analogie avec ce que l'article 10 de cette même loi décide en ce qui concerne les actes de l'état civil autres que la naturalisation, dressés antérieurement à la collation du nom patronymique (1).

Sur le second point, c'est-à-dire en ce qui touche les rapports de paternité et de filiation (détermination de la paternité, reconnaissance d'enfant naturel, puissance paternelle, usufruit légal, obligation alimentaire, droit d'éducation, etc.), l'étendue des droits réciproques du père naturalisé et de ses enfants dépend de la solution que l'on adopte en ce qui concerne les effets de la naturalisation à l'égard des enfants du naturalisé. Nous en réservons l'étude à la section suivante de ce chapitre.

Mariage. — La naturalisation de l'indigène musulman emporte, quant au mariage, application absolue de la loi française, aussi bien en ce qui touche les conditions de forme et de validité du mariage qu'en ce qui a trait aux conséquences civiles (rapports personnels des époux et régime des biens) et aux modes de dissolution ou de relâchement du lien matrimonial. Il est bien certain, dès lors, que l'indigène musulman ne

(1) Conf. Hamel, *De la naturalisation des indigènes musulmans*, monographie parue dans la *Revue algérienne* (1886, p. 115 et 116).

pourra plus, à peine de nullité, contracter mariage devant le cadi; qu'une fois marié, il ne pourra plus renouer un nouveau lien matrimonial avant la dissolution du premier; qu'il aura sur sa femme un droit de puissance maritale, emportant droit d'autorisation; que le mariage contracté par lui entraînera, à défaut de contrat, le régime de communauté légale; qu'enfin les droits du conjoint survivant et les modes de dissolution ou de relâchement du mariage seront ceux que reconnaît la loi française.

Ces principes, qui ne peuvent faire *a priori* l'ombre d'une difficulté, sont loin de présenter la même simplicité quant à leur application. Il faut observer, en effet, qu'une sérieuse complication peut naître de ce fait que l'un des deux époux, ordinairement la femme, aurait conservé sa qualité d'indigène non naturalisée. Cette situation engendre un conflit des statuts personnels français et musulman, dont la solution sera bien simplifiée lorsque nous aurons déterminé les effets de la naturalisation de l'indigène musulman sur la nationalité de son conjoint. Qu'il nous suffise, pour le moment, d'étudier les effets de la naturalisation relativement au mariage, alors qu'aucun conflit de lois n'est possible, ce qui arrive lorsque les deux conjoints musulmans ont demandé et acquis la naturalisation française.

Dans ce cas, deux situations sont possibles : 1º Le mariage est postérieur à la naturalisation; 2º Il lui est antérieur.

a) Dans la première hypothèse, aucune difficulté ne peut se présenter : le mariage contracté par deux indigènes naturalisés ne pourra évidemment se célébrer que conformément à la loi française. L'union contractée devant le cadi serait frappée d'une nullité absolue. Pour le mari, la polygamie n'est plus possible.

Bien entendu, le mariage ainsi célébré entraîne, quant à la personne et quant aux biens, les effets que détermine le Code civil, et il ne peut plus être dissous ou relâché que suivant les formes et conditions de la loi française : par conséquent, plus de divorce par consentement mutuel ou par répudiation, mais seulement divorce et séparation de corps pour adultère, excès, sévices ou injures graves, ou condamnation de l'un des époux à une peine infamante (1). Il faut observer, toutefois, que, dans le cas où les deux époux ou l'un d'eux auraient contracté le mariage en violation des règles du Code civil, ils pourraient, s'ils étaient de bonne foi, invoquer les dispositions des articles 201 et 202 du Code civil, et le mariage vaudrait alors comme mariage putatif (2) (V. *infrà*, p. 156 et s.).

b) La deuxième hypothèse est plus délicate : c'est le cas où le mariage a été célébré antérieurement à la naturalisation des deux conjoints. Nulle difficulté évidemment, si les parties avaient contracté leur union devant l'officier d'état civil français. Il y a eu alors de

(1) Weiss, *op. cit.*, t. 1, p. 399 ; Dunoyer, *op. cit.*, p. 197 ; Besson, *op. cit.*, p. 77. Ces principes résultent par analogie d'un arrêt de la Cour d'Alger du 1er mars 1875 (*Journ.* de Robe, 1876, p. 255), rendu à l'occasion d'un mariage qui avait été contracté *more judaïco* par deux indigènes israélites, antérieurement au décret de naturalisation collective du 24 octobre 1870.

(2) V. Alger, 1er mars 1875, précité.

leur part option en faveur de la législation française (V. *suprà*, p. 94). Mais que décider si le mariage a eu lieu suivant le rite musulman (1) ?

On peut concevoir en cette hypothèse trois systèmes :

1° Le mariage vaudra comme mariage musulman et pour le passé et pour l'avenir, nonobstant la naturalisation des deux époux. Toutefois, les conjoints pourront donner à leur union les effets qu'assure la loi française, pourvu qu'ils la fassent consacrer par l'officier d'état civil français. Ce système ne paraît guère soutenable : il est contraire à la fois à l'intention des parties, qui ont entendu, par la naturalisation, se soumettre d'une façon absolue à la loi française, et aux principes reçus en droit privé, qui veulent que la naturalisation emporte pour l'avenir substitution du statut personnel nouveau au statut personnel ancien.

2° Le mariage vaudra comme mariage français et pour le passé et pour l'avenir. Un pareil système, qui est l'opposé du précédent, ne peut davantage se soutenir. Il aboutirait, en effet, à la consécration par la loi française de faits contraires à l'ordre public et aux bonnes mœurs, tels que le mariage d'époux impubères

(1) V. une circulaire du gouverneur général du 25 mars 1892 (Estoublon et Lefébure, *Code de l'Algérie annoté*, p. 314, note 4), relative à la régularisation selon la loi française du mariage contracté selon la loi musulmane par un militaire indigène naturalisé français antérieurement à sa naturalisation. Il lui suffit de se présenter, en justifiant qu'il est monogame, devant l'officier d'état civil français, qui aura à transcrire sur le registre public des mariages l'acte constatant la célébration de ce mariage selon la loi musulmane.

et l'union par contrainte paternelle (droit de *d'jbr*).
Il n'a pu, en effet, entrer dans l'esprit des parties d'annuler les effets civils produits valablement dans le passé en vertu de la loi musulmane.

3° Le mariage sera régi par la loi française à partir du jour de la naturalisation. Mais les faits ou actes valablement accomplis dans le passé en vertu de la loi musulmane seront respectés. C'est un système intermédiaire entre les deux précédents. Il est conforme à l'intention des parties et donne une solution qui ne choque en rien l'ordre public français. Au jour de leur naturalisation, les époux sont majeurs, « ils ont la possession d'état d'époux légitimes ; cela suffit pour que la loi française les considère comme valablement mariés » (1). Cette opinion est, en outre, en concordance avec la théorie de la non-rétroactivité de la naturalisation, théorie qui est enseignée par tous les auteurs (2), et en vertu de laquelle les facultés attachées à l'état des personnes sont régies par la loi nouvelle pour tous les actes et faits postérieurs à la naturalisation. Aussi n'est-il pas étonnant que ce troisième système soit adopté par les quelques auteurs qui ont étudié notre question (3). Il est également suivi par la jurisprudence. Il faut observer, toutefois, que les arrêts qui ont affirmé notre principe ont, pour la plupart, été

(1) Hamel, *De la naturalisation des indigènes musulmans de l'Algérie*, dans la *Revue algérienne* (1890. 1. 23).

(2) Weiss, *op. cit.*, t. 1, p. 348 ; Cogordan, *Traité de la nationalité*, p. 145 et s.; Le Sueur et Dreyfus, *op. cit.*, p. 195 ; Audinet, *Journal du droit international privé* (1889, p. 202).

(3) Hamel, *op.* et *loc. cit.*; Dunoyer, *op. cit.*, p. 198 ; Charpentier, *op. cit.*, p. 278.

rendus à l'occasion de mariages contractés entre indigènes israélites avant leur naturalisation collective. Mais les décisions qu'ils renferment doivent sans difficulté s'étendre aux indigènes musulmans naturalisés par décret individuel. L'analogie est trop évidente pour qu'il soit possible de la contester.

Il résulte de cette jurisprudence que les mariages contractés entre indigènes seront régis, à partir de la naturalisation des conjoints, par la loi française. Il a été jugé, en conséquence, que le lien matrimonial ne pourra plus être dissous ou relâché que dans les conditions et les formes fixées par cette loi, ce qui excluait, sous l'empire du régime antérieur à la loi du 27 juillet 1884, le mode de dissolution par le divorce (1) ; que la femme sera désormais tenue, pour accomplir les actes de la vie civile, de requérir l'autorisation maritale, comme toutes les femmes françaises (2) ; qu'elle aura sur les biens de son mari l'hypothèque légale que le Code civil accorde à la femme mariée (3) ; qu'enfin elle aura le droit de demander la séparation de biens avec toutes ses conséquences (4).

(1) Alger, 8 mars 1871 (Estoublon, *Jur. alg.*, 1871, p. 10 ; *Journ.* de Robe, 1871, p. 67) ; Alger, 14 juillet 1873 (Estoublon, *Jur. alg.*, 1873, p. 38 ; *Journ.* de Robe, 1875, p. 100 ; D. P. 77. 2. 196) ; Alger, 29 décembre 1875 (Estoublon, *Jur. alg.*, 1875, p. 54 ; *Journ.* de Robe, 1876, p. 91) ; Trib. Constantine, 9 mai 1876 (*Journ.* de Robe, 1876, p. 89) ; Alger, 19 mars 1883 (*Bull. jud. alg.*, 1883, p. 97).

(2) Alger, 26 mars 1873 (Estoublon, *Jur. alg.*, 1873, p. 19 ; *Journ.* de Robe, 1873, p. 75).

(3) Alger, 19 février 1876 (*Journ.* de Robe, 1876, p. 43).

(4) Trib. Constantine, 27 janvier 1880 (*Journ.* de Robe,

Mais le mariage restera régi, en ce qui concerne les faits antérieurs à la naturalisation, par la loi musulmane, sous l'empire de laquelle il a été contracté. Le mariage sera donc valable, sans qu'il soit besoin de le faire consacrer ultérieurement par l'officier d'état civil français, pourvu qu'il ait été passé devant le cadi, conformément à la loi musulmane ; et la justification pourra en être faite par tous les modes de preuve ordinaires et même par la possession d'état (1). De même, ce sera la loi musulmane qui régira l'exécution et le règlement des conventions matrimoniales entre les époux (2). Ce dernier point est conforme au principe généralement admis par les auteurs (3), à savoir que l'association conjugale et le régime pécuniaire des époux sont déterminés en principe par la loi sous l'empire de laquelle les époux ont contracté mariage.

1880, p. 305) ; Cass., 4 août 1884 (*Rev. alg.*, 1886. 2. 120 ; *Journ.* de Robe, 1885, p. 457 ; S. 87. 1. 23 ; D. P. 85. 1. 296).

(1) Alger, 21 mars 1895 (*Rev. alg.*, 1895, p. 309 ; *Journ.* de Robe, 1895, p. 236).

(2) Alger, 27 juillet 1874 (Estoublon, *Jur. alg.*, 1874, p. 48 ; *Journ.* de Robe, 1874, p. 246) ; Alger, 10 mars 1879 (*Bull. jud. alg.*, 1879, p. 201 ; *Journ.* de Robe, 1879, p. 87) ; Alger, 13 janvier 1881 (*Bull. jud. alg.*, 1882, p. 66 ; *Journ.* de Robe, 1881, p. 270) ; Alger, 19 mars 1883 (*Bull. jud. alg.*, 1883, p 97).

(3) Duranton, *Droit civil*, t. 1, n° 59 ; Demolombe, *Publication, effets et application des lois*, n° 44 ; Aubry et Rau, *Droit civil*, t. 1, § 30, p. 70, texte et note 45 ; et t. 5, § 501, p. 230 et s.; Rodière et Pont, *Contrat de mariage*, t. 1, n° 183 ; Bellot des Minières, *Contrat de mariage*, t. 1, p. 20 et s.

Capacité. — Il n'est pas douteux que l'indigène musulman sera régi, à partir de sa naturalisation, par le Code civil français, au point de vue des règles sur la capacité contractuelle (1). Il en résulte que, s'il devient fou, prodigue ou faible d'esprit, il pourra être interdit ou pourvu d'un conseil judiciaire au même titre et dans les mêmes conditions que tout autre citoyen français ; il sera également frappé d'interdiction légale et de dégradation civique, s'il est condamné à une peine afflictive et infamante, et dessaisi de l'administration de ses biens, s'il est mis en état de faillite (2). Désormais donc, la validité des actes accomplis par l'indigène musulman, postérieurement à sa naturalisation, sera appréciée d'après la loi française.

Mais que décider en ce qui concerne les faits et actes antérieurs à la naturalisation ? S'il s'agit notamment d'une interdiction ou d'une dation de conseil udiciaire prononcées, conformément aux règles de la loi musulmane, contre un indigène avant sa naturalisation, il semble qu'il faille appliquer ici des règles analogues à celles que nous avons posées plus haut en ce qui concerne le mariage de l'indigène, et dire que la loi française s'appliquera pour l'avenir, tout en laissant en vigueur les faits et actes valablement accomplis dans le passé selon le statut musulman. Décider autrement serait, d'une part, contraire à la

(1) Conf. analog. Alger, 26 mars 1873 (Estoublon. *Jur. alg.*, 1873, p. 19 ; *Journ.* de Robe, 1873, p. 75).

(2) Hamel, *De la naturalisation des indigènes musulmans*, dans la *Revue algérienne* (1887, 1. 41).

règle de la non-rétroactivité de la naturalisation admise par tous les auteurs, et, d'autre part, admettre la consécration, en la personne d'un citoyen français, de droits dont l'exercice est incompatible avec l'application des règles de la législation française. Notre solution est, d'ailleurs, formellement consacrée par la Cour d'appel d'Alger, qui a jugé que l'interdiction pour cause de prodigalité, qui frappait un indigène, tombe de plein droit par la naturalisation française de cet indigène, une pareille interdiction admise par le droit musulman n'étant point reconnue par la loi française (1). On devra donc considérer comme valables tous les actes de la vie civile accomplis par l'indigène depuis sa naturalisation.

Quant à la capacité de la femme et des enfants majeurs du naturalisé, ce sera évidemment la loi française qui la régira, mais seulement si ces personnes ont obtenu la naturalisation par décret spécial ou dans le décret de naturalisation du mari ou père. Pour la femme qui ne s'est pas associée à la demande de son mari et pour les enfants mineurs du naturalisé, la difficulté qui s'élève relativement à leur capacité, se résoudra d'elle-même lorsque nous aurons étudié les effets de la naturalisation de l'indigène sur la condition de sa femme et de ses enfants.

STATUT RÉEL. — Les conséquences du principe que l'indigène musulman est régi, à partir de sa naturalisation, par la loi civile française, n'ont pas la

(1) Alger, 29 mars 1893 (*Rev. alg.*, 1893, 2. 225 ; *Journ. de Robe*, 1893, p. 160 ; D. P. 93. 2. 440).

même extension en ce qui concerne les matières de statut réel qu'en ce qui concerne les matières de statut personnel. Pour ces dernières, en effet, la substitution de la loi française à la loi musulmane est absolue, puisque le statut personnel musulman régissait sans restriction l'indigène musulman avant sa naturalisation. Il en est autrement pour les matières de statut réel : il résulte du décret du 17 avril 1889 que le statut réel français est applicable, en principe, même aux indigènes non naturalisés (V. *suprà*, p. 75 et s.), et que c'est exceptionnellement que le statut réel musulman reste en vigueur. C'est donc uniquement sur ce domaine exceptionnel du statut réel musulman que la naturalisation peut entraîner substitution de la loi française à la loi indigène.

Nous examinerons successivement les conséquences de la naturalisation sur le régime des biens et sur le régime successoral du naturalisé.

Il résulte du décret du 17 avril 1889 que les indigènes non citoyens continuent à être régis par leurs droit et coutumes pour les matières relatives à leurs successions et ceux de leurs immeubles dont la propriété n'est pas établie par la loi du 26 juillet 1873 sur la propriété ou par un titre français administratif, notarié ou judiciaire. Si l'indigène est naturalisé, il sera régi sur ces matières par la loi française.

Cette formule demande toutefois quelques explications.

a) En ce qui concerne d'abord le régime de la propriété, la loi du 26 juillet 1873 a soumis au statut réel français l'établissement de la propriété immobilière

en Algérie, sa conservation et sa transmission contractuelle, notamment en ce qui a trait à la transcription. Mais elle a laissé sous l'empire de la loi
musulmane toutes transactions entre indigènes musulmans, concernant des immeubles situés dans les territoires où la propriété n'a été établie ni par l'effet d'un
cantonnement, ni conformément à l'ordonnance du
21 juillet 1846 ou à ses propres dispositions (1). Mais la
loi musulmane n'est restée vivante dans cette mesure
que pour les conventions intervenues entre indigènes
musulmans seulement. Toute convention passée entre
indigènes et citoyens français doit être régie conformément à la loi française. La naturalisation de l'indigène musulman a donc pour effet de soustraire à
l'empire de la loi musulmane toutes les questions
relatives à la propriété d'un immeuble possédé par
cet indigène et non pourvu d'un titre français (2), en
ce sens que toutes les conventions passées par ce naturalisé, relativement à la conservation ou à la transmission de son droit sur cet immeuble, devront être
interprétées et jugées d'après la loi française (3).

b) En ce qui concerne le régime successoral, l'étude

(1) Loi du 26 juillet 1873, art. 1, 2, 3.
(2) Charpentier, *op. cit.*, p. 276, n° 596.
(3) Il existe une circulaire du gouverneur général du
12 février 1879 (Estoublon et Lefébure, *Code de l'Algérie
annoté*, p. 309, note 1 (*f*)) décidant que si la naturalisation
a pour effet de modifier le statut personnel de l'indigène, elle
ne porte aucune atteinte à ses droits de propriété. En conséquence, un indigène musulman appartenant originairement
à une tribu et naturalisé Français, conserve les droits qui
lui ont été reconnus à la propriété du territoire. Mais cette

des effets de la naturalisation de l'indigène présente
un intérêt considérable, car le décret du 17 avril 1889
a laissé les successions musulmanes sous l'empire de
la loi islamique. Il est essentiel d'examiner successivement la difficulté, suivant qu'il s'agit d'une succession *ab intestat* ou d'une succession testamentaire.

L'importance de la question est surtout manifeste
en matière de succession *ab intestat*. La succession
musulmane est, en effet, soumise à des principes
essentiellement différents de ceux du statut successoral français. C'est ainsi notamment qu'en droit musulman, les frères germains excluent les frères consanguins et que la part héréditaire des filles est moins
forte que celle des enfants mâles. Si l'on suppose
donc qu'une naturalisation est intervenue, soit en la
personne du *de cujus*, soit en la personne d'un de ses
héritiers, cette naturalisation a-t-elle pour effet de
soustraire la succession à l'application de la loi
musulmane, pour la placer sous le régime de la loi
française ?

Il est une hypothèse qui n'offre aucune difficulté :
c'est celle où la naturalisation est intervenue en la
personne du *de cujus* lui-même, ses héritiers étant
restés indigènes musulmans. Il est incontestable, en
pareil cas, que c'est la loi française qui régira la dévolution des biens, conformément à la règle généralement admise (1), que la dévolution des biens hérédi-

circulaire vise uniquement les droits de l'indigène à la propriété, et non les modes de conservation ou de transmission
de ces droits.

(1) V. notamment Weiss, *Traité élémentaire de droit
international privé*, p. 677 et s.

taires est régie par la loi personnelle du *de cujus*. Par suite, la part héréditaire des filles de l'indigène naturalisé sera égale à celle des garçons, contrairement au droit musulman (1). Mais la capacité des héritiers sera envisagée d'après la loi musulmane, en vertu de ce principe que la capacité de l'héritier est toujours régie par sa loi personnelle ; or, la loi personnelle de l'indigène musulman est restée vivante sous l'empire du décret du 17 avril 1889.

Si l'on suppose, au contraire, que la naturalisation est intervenue en la personne de l'un ou de plusieurs des héritiers du *de cujus*, la question présente plus de difficulté, car alors un conflit s'élève entre les droits respectifs de chacun des héritiers, lesquels droits paraissent devoir être appréciés par la loi française à l'égard des uns, par la loi musulmane à l'égard des autres. Comment se résoudra le conflit ?

En ce qui concerne la capacité des successibles, on appliquera évidemment la loi française à l'égard des héritiers naturalisés, la loi musulmane à l'égard des héritiers indigènes, la capacité étant toujours régie par la loi personnelle. Quant à la dévolution des biens, il y a désaccord : la jurisprudence applique invariablement le principe que c'est la loi du défunt qui doit la régir, qu'il s'agisse de meubles ou d'immeubles. Si donc, le conflit s'agite entre frères germains et consanguins, ceux-ci seront exclus par ceux-là (2). Cette jurispru-

(1) Trib. Bône, 15 décembre 1896 (*Rev. alg.*, 1898, 2. 113 ; *Journ.* de Robe, 1897, p. 143).

(2) Trib. Bougie, 23 décembre 1874 (*Journ.* de Robe, 1874,

dence est conforme à la théorie ci-dessus rappelée, qui applique la loi personnelle du *de cujus* à la dévolution héréditaire. C'est donc la loi musulmane qui doit régir la succession de l'indigène, quelles que soient les qualités diverses de ses héritiers. Il n'y a, par suite, de successibles que ceux qui sont appelés par la loi du défunt, et ceux-ci n'ont que les droits à eux conférés par la loi sous l'empire de laquelle s'ouvre la succession. On ajoute que, s'il en était autrement, l'indigène musulman pourrait puiser dans le décret de naturalisation une modification en sa faveur aux droits des indigènes non naturalisés. Or, on ne peut soutenir que cet indigène ait acquis le droit d'être traité dans ces successions plus favorablement que s'il n'était pas devenu citoyen français, ce qui pourrait causer à ses cohéritiers un préjudice immérité et consacrer une grave injustice.

Cette opinion ne pourrait que triompher si les indigènes musulmans devaient être traités comme des étrangers. Mais elle a contre elle le texte de l'article 7 de la loi du 26 juillet 1873 sur la propriété. D'après cette disposition, « il n'est point dérogé par la présente loi... aux règles de succession des indigènes *entre* eux. » Il en résulte que le droit musulman n'a d'application qu'entre cohéritiers musulmans : entre héritiers musulmans et héritiers citoyens, c'est la loi française qui peut, seule, être invoquée. Par suite, les cohéritiers naturalisés viendront prendre dans la suc-

p. 203) ; et sur appel, Alger, 21 décembre 1875 (*Journ.* de Robe, 1875, p. 203). En ce sens : Besson, *op. cit.*, p. 331.

cession la part à laquelle ils auraient droit si tous leurs cohéritiers étaient comme eux citoyens français. Le reste se partagera entre les cohéritiers musulmans, conformément aux règles de leur loi personnelle (1). Il est regrettable que cette solution puisse encourager une fraude de la part de quelques-uns des cohéritiers musulmans. Mais ne pourrait-on pas considérer cette fraude, si elle était établie, comme viciant les naturalisations ou, tout au moins, comme rendant celles-ci inopérantes à l'égard des cohéritiers restés indigènes ?

Les difficultés que nous venons d'exposer ne peuvent se présenter que dans le cas où la naturalisation de l'un ou de plusieurs des cohéritiers serait antérieure à l'ouverture de la succession. Il est évident que si la naturalisation était postérieure à cet événement, elle ne pourrait en aucune façon porter atteinte aux droits acquis des héritiers demeurés indigènes.

Si l'on envisage maintenant le cas de succession testamentaire, les deux hypothèses précédentes peuvent également se présenter : la naturalisation a pu intervenir, soit en la personne du testateur, soit en la personne de l'un ou de plusieurs des légataires.

Il est évident tout d'abord que l'indigène naturalisé ne pourra plus tester qu'en se conformant aux conditions de fond et de forme de la loi française, notamment ce qui concerne sa propre capacité et la quotité disponible. C'est ce qui a été reconnu par le tribunal de Bône, qui a jugé que le legs que l'indigène naturalisé

(1) Conf. Dunoyer, *op. cit.*, p. 212 ; Eyssautier, *Le statut réel français en Algérie*, monographie parue dans la *Revue algérienne* (1887. 1. 153).

a pu faire de la quotité disponible, doit être rapporté
à la masse, si l'acte testamentaire ne contient pas de
dispense expresse de rapport (1). Quant à la capacité
des légataires, elle devrait être appréciée suivant la
loi française ou musulmane pour chaque légataire
citoyen français ou indigène musulman : les questions
de capacité sont, en effet, des matières de statut personnel, et l'on sait que l'application du statut personnel
musulman est réservé par le décret du 17 avril 1889.

Mais que décider au sujet du testament qui aurait
été fait par un indigène avant sa naturalisation ? Pas
de difficulté, s'il avait été reçu par un notaire français ;
il y aurait alors option en faveur de la loi française
(V. *suprà*, p. 96). S'il avait été fait selon le rite musulman, serait-il annulé par le fait de la naturalisation ?
Nous ne le pensons pas. La confection du testament
est un fait antérieur sur lequel la naturalisation ne
peut avoir aucune prise. Mais d'après quelle loi
devrait-on alors apprécier la capacité du testateur, du
légataire et la quotité disponible ? La capacité du testateur devant, en principe, être envisagée à l'époque
de la confection du testament, c'est la loi musulmane
qui devrait la régir. Au contraire, la quotité disponible
étant déterminée au moment du décès du testateur,
c'est conformément à la loi française qu'elle devrait
être calculée. Quant à la capacité du légataire, elle est

(1) Trib. Bône, 15 décembre 1896 (*Rev. alg.*, 1898. 2. 113 ;
Journ. de Robe, 1897, p. 143). Toutefois, cette application du
principe ne serait plus vraie sous l'empire de la loi du 24 mars
1898, qui voit dans le legs de la quotité disponible une dispense tacite de rapport.

Albert Hugues   10

une matière de statut personnel, qui devrait être considérée *séparatim* d'après la loi française ou musulmane, relativement aux légataires citoyens français ou indigènes musulmans.

Dans le cas, au contraire, où un legs aurait été fait en faveur d'un ou de plusieurs indigènes naturalisés, la forme du testament devrait être réglée par la loi française ou musulmane, suivant que le testateur serait lui-même un citoyen français ou un indigène musulman, car il est de principe que c'est la loi personnelle du testateur qui est la loi du testament (1). La capacité des légataires naturalisés devrait être réglée par la loi française, et celle du testateur par son statut spécial. Mais la quotité disponible devrait être calculée d'après la loi française (2). Cette solution s'impose par application de l'art. 7 de la loi du 26 juillet 1873, qui régit les successions testamentaires aussi bien que les successions *ab intestat*.

4) Lois de compétence civile.

La naturalisation de l'indigène musulman a, bien entendu, pour résultat de soustraire l'indigène d'une façon absolue à la juridiction des tribunaux musulmans et de le soumettre à l'action de la justice fran-

---

(1) Weiss, *Traité élémentaire de droit international privé*, p. 712.

(2) Conf. Eyssautier, *op. cit. (Revue algérienne*, 1887. 1. 303 et s.) ; Besson, *op. cit.*, p. 331 *in fine* ; Dunoyer, *op. cit.*, p. 213.

çaise pour le jugement des contestations dans lesquelles il est partie intéressée.

La règle qui rend l'indigène naturalisé justiciable de la justice française trouve un appui dans ce principe que la compétence des tribunaux musulmans n'existe que pour le jugement des contestations élevées *entre* indigènes. Dès lors donc que l'une des parties intéressées est un étranger européen ou un citoyen français d'origine ou naturalisé, les juges français retrouvent leur compétence (V. *suprà*, p. 83). Aussi bien, l'application de notre règle ne peut-elle faire de doute, tout au moins lorsqu'il s'agit d'une instance engagée après la naturalisation de l'une des parties, et quelle que soit d'ailleurs la situation de ces parties l'une vis-à-vis de l'autre.

C'est ce qui est reconnu par les auteurs et par la jurisprudence, d'abord dans le cas où les parties litigantes ne sont pas unies entre elles par les liens du mariage (1). Mais il en est certainement ainsi, lorsque le litige s'élève entre deux époux, sans qu'il soit besoin de dire, si l'on suppose que l'époux naturalisé est

(1) Weiss, *op. cit.*, t. 1, p. 398 et note 3 ; Dunoyer, *op. cit.*, p. 195 ; Besson, *op. cit*. p. 77 ; Jacquey, note dans la *Revue algérienne* (1885. 2. 309).— Alger, 13 mai 1873 (*Bull. jud. alg.*. 1873, p. 26) ; Alger, 12 mai 1879 (*Bull. jud. alg.*, 1880, p. 77 ; *Journ.* de Robe, 1880, p. 174) ; Cass., 15 juin 1885 (*Rev. alg.*, 1885. 2. 309 ; *Journ.* de Robe, 1885, p. 320 ; S. 87. 1. 259 ; D. P. 86. 1. 214). C'est également ce que reconnaît implicitement un arrêt de la Cour d'appel d'Alger du 17 janvier 1898 (*Journ.* de Robe, 1898, p. 138), intervenu contre un indigène naturalisé poursuivi en déchéance de la qualité de citoyen français.

le mari, que, le mariage ayant entraîné la naturalisation de la femme, ce qui n'est pas un principe certain, la contestation qui les divise doit nécessairement être portée devant la justice française. En admettant même, en effet, que la naturalisation du mari n'ait entraîné aucune modification dans la condition civile de sa femme, l'incompétence de la justice musulmane pour trancher le litige qui les divise est manifeste, puisqu'il suffit, d'après les principes généraux, que l'une des parties au procès ait la qualité de citoyen français pour que la justice française puisse seule être valablement saisie. Dès lors, si l'on suppose qu'une instance en divorce ait été engagée entre deux époux après la naturalisation de l'un d'eux, c'est le tribunal civil français qui devra être juge de la recevabilité de la demande, et le juge musulman qui aurait été saisi devrait se déclarer incompétent (1). De même, une instance en nullité de mariage, qui aurait été liée dans les mêmes conditions, devrait être introduite devant la justice française, qui devrait juger en audience solennelle (2).

Mais il est un cas où la question de compétence fait l'objet d'une sérieuse difficulté : c'est celui où la naturalisation de l'indigène intervient au cours d'une instance déjà liée devant la justice musulmane et dans laquelle cet indigène se trouve intéressé. On suppose, bien entendu, que le juge musulman, cadi ou juge de paix, a été valablement saisi : l'instance a été engagée

(1) Alger, 12 mai 1879, précité.
(2) Alger, 26 mai 1879 (*Bull. jud. alg.*, 1881. p. 136 ; S. 79. 2. 281 ; D. P. 80. 2. 161).

conformément aux prescriptions du décret du 17 avril
1889. On ne voit pas, en pareille hypothèse, comment
la concession à l'une des parties de la qualité de citoyen
pourrait avoir pour résultat de dessaisir une juridiction sur laquelle les autres parties au procès étaient
légitimement en droit de compter. N'y a-t-il pas, en
effet, un droit acquis pour les plaideurs non citoyens
à conserver le bénéfice du juge musulman ? Cette considération a amené les auteurs à penser que la naturalisation, obtenue par un indigène musulman au cours
d'un procès, ne peut avoir pour résultat de modifier la
compétence et de substituer le juge français au juge
musulman, tout au moins lorsque les parties ne sont
pas unies par les liens du mariage (1). Cette solution,
qui est d'ailleurs conforme au principe de la non-
rétroactivité de la naturalisation, s'imposerait même
dans le cas où la naturalisation du plaideur indigène
n'aurait pas eu pour but de porter préjudice à ses
adversaires en opérant contre leur gré un changement
de compétence.

La jurisprudence algérienne se prononce dans le
même sens. Elle a ainsi décidé qu'il appartient aux
tribunaux musulmans d'apprécier le compte de tutelle,

(1) Weiss, *op.* et *loc cit.* ; Dunoyer, *op. cit.*, p. 196. Ce
principe n'est, d'ailleurs, que l'application de la règle, admise
en droit international privé, d'après laquelle le changement de
nationalité par un des plaideurs au cours d'un procès ne saurait enlever au tribunal saisi la connaissance de l'affaire. V. à
ce sujet : Cass. 4 février 1891 (D. P. 91. 1. 113 ; Journal *le
Droit* du 11 février 1891) cassant Paris, 21 janvier 1889 (D. P.
89. 2. 273) et le rapport de M. le conseiller Faure-Biguet sous
l'arrêt de la Cour de cassation.

fourni par le tuteur nommé à un interdit, suivant les règles de la loi musulmane, pour une période durant laquelle l'interdit était musulman, bien que ce dernier ait été naturalisé au cours de l'instance par lui introduite pour solliciter la mainlevée de son interdiction (1).

La solution qui vient d'être exposée s'applique-t-elle lorsque les parties en cause sont unies par les liens du mariage ? Le cas qui a donné lieu à quelques décisions judiciaires est celui où l'un des époux, ordinairement le mari, s'est fait naturaliser au cours d'une instance en divorce engagée par son conjoint devant le juge musulman et conformément aux règles de la loi indigène. En pareille hypothèse, la Cour d'appel d'Alger a décidé, par deux arrêts, que la naturalisation du mari, intervenue en cours de procès, ne pourrait avoir pour résultat de dessaisir le juge musulman au profit du juge français (2) ; mais la Cour suprême, cassant l'un de ces deux arrêts, a jugé au contraire que l'indigène naturalisé avait le droit de décliner la compétence du juge musulman et de demander son renvoi devant les tribunaux français (3).

A première vue, il semble bien que c'est la Cour d'Alger qui a raison dans le débat. Et, en effet, peut-on dire, pourquoi établir une différence entre le cas où le procès a lieu entre époux et celui où il a lieu

(1) Alger, 11 juin 1884 (*Bull. jud. alg.*, 1884, p. 177).

(2) Alger 5 juin 1883 (*Journ. de Robe*, 1885, p 320); Alger, 20 juin 1883 (*Journ. de Robe*, 1883, p. 317).

(3) Cass. 15 juin 1885 (*Rev. alg.*, 1885, 2. 309 ; *Journ. de Robe*, 1885, p, 320 ; S. 87. 1. 259 ; D. P. 86. 1. 214).

entre tiers ? Au moment où est intervenue la naturalisation du mari, l'instance ayant été engagée par la femme devant la juridiction musulmane, dont la compétence était alors indéniable, n'y avait-il pas droit acquis pour la demanderesse à conserver le bénéfice de cette juridiction, surtout dans le cas où, ce qui arrivera le plus souvent, la naturalisation a été demandée par pure fraude de la part du mari et dans la pensée d'enlever à sa femme les garanties résultant pour elle de son juge naturel (1) ?

Il faut reconnaître que cette solution est en absolue concordance avec la théorie de la jurisprudence algérienne sur les effets de la naturalisation du mari à l'égard de sa femme. Les tribunaux algériens se refusent, en effet, à admettre que la naturalisation du mari entraîne de plein droit celle de sa femme (V. *infrà*, p. 162 et s.). Dès lors, il est logique, puisque la femme est restée indigène musulmane, qu'elle ne soit pas privée du bénéfice de sa juridiction personnelle, à laquelle elle a droit acquis. Mais nous essaierons plus loin d'établir, contrairement à la théorie de la jurisprudence, que la naturalisation du mari intervenue au cours du mariage entraîne *ipso facto* la naturalisation de sa femme. Dans ces conditions, nous ne pouvons qu'approuver la solution donnée par l'arrêt de la Cour de cassation ci-dessus rapporté. Puisque, par l'effet de la naturalisation du mari, la femme musulmane s'est trouvé de plein droit régie par le statut personnel français, c'est ce dernier statut qui fera la

(1) Jacquey, note dans la *Revue algérienne* (1885, 2. 310).

loi du divorce, même si l'instance est en cours.
C'est donc le juge français qui devra statuer, car
il est de principe absolu que le juge musulman ne
peut, en aucun cas, faire application de la loi française (1).

Mais, dira-t-on, vous aboutissez à un résultat inac-
ceptable : le mari a pu se faire naturaliser uniquement
en vue de créer une exception d'incompétence contre
l'action de sa femme, de l'obliger à soumettre le jugement de son action aux tribunaux français, qui peuvent lui offrir moins de garanties, alors surtout qu'il
s'agit d'une matière de statut personnel, comme le
divorce, et d'application d'une loi quasi-religieuse, et
devant lesquels la procédure est plus longue et plus
coûteuse. Vous ne pouvez, dans une telle hypothèse,
légitimer la fraude du mari. Or c'est à quoi aboutit la
Cour de cassation dans l'arrêt rapporté plus haut. Et,
en effet, la fraude existait précisément dans l'espèce,
et c'est même probablement cette circonstance de
fraude qui avait déterminé la Cour d'Alger à s'opposer au dessaisissement de la juridiction musulmane.
L'objection n'est pas embarrassante : en cas de fraude,
il faut apporter évidemment à la solution de la Cour
de cassation le tempérament qui trouve son fondement
dans la règle : *Fraus omnia corrumpit*. Or, la Cour de
cassation ne s'est précisément pas préoccupée de cette
circonstance de fraude, qui apparaissait nettement

(1) Conf. en ce sens Rack : *Des effets de la naturalisation
d'un indigène musulman survenue pendant le mariage sur
la condition de sa femme et de ses enfants*, monographie
parue dans le *Journal* de Robe (1885, 2. 310).

cependant dans l'affaire, et qui était relevée dans le pourvoi. Si elle s'y était arrêtée, elle n'eût pas cassé l'arrêt de la Cour d'appel d'Alger ; elle aurait certainement rejeté le pourvoi, mais en se fondant uniquement sur la fraude évidente du mari.

§ 2. — *Effets de la naturalisation quant à la personne du conjoint et des enfants légitimes du naturalisé. Rapports de famille.*

Pour étudier les modifications que la naturalisation des époux musulmans peut apporter à la réglementation des rapports de famille, il faut considérer trois hypothèses :

I. — *Les époux musulmans ont tous deux obtenu la naturalisation.* — Nous avons vu que, en pareil cas, la loi française est de plein droit substituée à la loi musulmane. C'est elle qui régira les rapports des époux entre eux (V. *suprà*, p. 130 et s.). C'est également par la loi française que devront être réglés les rapports des parents naturalisés avec leurs enfants mineurs. Ceux-ci sont, en effet, compris dans la naturalisation de leur père, qu'ils soient nés avant ou après le décret de naturalisation (Conf. *infrà*, p. 155 et s., 162 et s.). En ce qui concerne les rapports des parents avec leurs enfants majeurs au moment de la naturalisation, ceux-ci sont restés indigènes musulmans (*infrà*, p. 163) ; dès lors, la loi musulmane leur restera applicable. Ce dernier point présente une grande importance en matière successorale. Les enfants majeurs non citoyens viendront en concours, dans la succession de leur père ou mère, avec leurs frères naturalisés, et les droits de chacun seront déterminés respectivement par la loi musulmane et par la loi française (V.*suprà*, p. 142 et s.).

II. — *La femme musulmane seule a obtenu la naturalisation.* — Le mari restera indigène musulman, sans qu'il y ait à distinguer entre le cas où le mariage est antérieur et celui où il est postérieur à la naturalisation de la femme. Une autre solution serait contraire à l'esprit de notre Code civil qui veut bien que le mari impose à la femme sa condition juridique, mais non point que la femme impose la sienne à son mari. On doit dire cependant, par analogie avec les règles exposées (*suprà*, p. 21), pour le cas où une femme française d'origine a épousé un indigène musulman, que la femme musulmane qui a obtenu sa naturalisation ne perdra pas, par son mariage postérieur avec un indigène non naturalisé, le bénéfice de sa naturalisation pour retomber sous l'empire de la loi musulmane. Il semble qu'il résultera de cette situation un conflit entre les lois française et musulmane, puisque les conditions respectives de la femme et du mari seront régies par deux lois différentes. En réalité, le conflit n'existera jamais. En effet, la femme étant naturalisée, le mariage n'aura pu se célébrer valablement que devant l'officier d'état civil français et conformément à la loi française, à tel point que le mariage contracté par cette femme devant le cadi serait frappé de nullité absolue (1). Il y aura eu,

(1) Alger, 24 octobre 1871, arrêt cité par M. Hamel, monographie parue dans la *Revue algérienne*, 1890. 1. 32.

dans cette comparution devant l'officier d'état civil français, option de la part du mari en faveur de la loi française (V. *suprà*, p. 94), laquelle loi, dès lors, régira l'union au regard des deux époux.

En ce qui concerne les rapports des époux avec les enfants nés ou à naître du mariage, la solution est simple. Conformément au droit commun, les enfants suivront la condition de leur père; ils resteront dès lors indigènes musulmans et seront régis à tous les points de vue par la loi musulmane (1).

III. — *Le mari musulman seul a obtenu la naturalisation.* — Cette hypothèse, qui est la plus fréquente dans la pratique, soulève, ainsi qu'on va le voir, une sérieuse difficulté. C'est ici que l'étude des effets de la naturalisation d'un indigène musulman dans ses rapports avec sa famille présente son côté le plus intéressant. Aussi nous attacherons-nous à l'exposer avec méthode et clarté. Nous envisagerons successivement deux hypothèses :

1° Le cas où le mariage de l'indigène et la naissance des enfants qui en sont issus sont postérieurs à la naturalisation du mari et père ;

2° Le cas où le mariage et la naissance des enfants sont antérieurs à sa naturalisation.

Premier cas. — *Le mariage de l'indigène et la naissance des enfants qui en sont issus sont postérieurs à la naturalisation du mari et père.*

Il s'agit de déterminer successivement quel est l'effet

(1) V. Trib. sup. Alger, 20 juin 1836, cité *suprà*, p. 21, note 2 *in fine*.

de la naturalisation d'un indigène musulman sur la
condition légale de la femme qu'il épouserait par un
mariage postérieur et sur celle des enfants qui naî-
traient de ce mariage.

a). Si l'on envisage d'abord la condition de la femme
qui a épousé un indigène naturalisé, il est certain que,
par analogie avec les règles de l'art. 12 du Code civil,
elle acquiert la condition juridique de son mari. Cela
est évident si l'on suppose une femme étrangère; ce
principe n'est pas moins certain s'il s'agit d'une femme
indigène musulmane, pourvu que le mariage ait été
contracté conformément à la loi française. Il faut reconnaître, en effet, que cette femme a connu la situation
légale de son futur époux avant le mariage; en tout
cas, elle en a été avertie par l'accomplissement des
formalités devant l'officier d'état civil. Il y a donc, dans
le mariage français ainsi contracté par elle, plus qu'une
option en faveur de la loi française, emportant application de cette loi quant aux conséquences civiles et
au mode de dissolution de l'union matrimoniale; il
y a acquisition pour la femme de la condition de femme
française, c'est-à-dire de tous les droits civils et même
politiques que les lois métropolitaines confèrent ou
pourront conférer dans l'avenir à la femme française.

Mais quel est l'effet de la naturalisation de l'indigène musulman sur le mariage qu'il contracterait par
la suite avec une femme indigène selon les formes
prescrites par la loi musulmane? Un tel mariage man-
querait, à n'en pas douter, de l'une des conditions
essentielles à sa validité: la présence de l'officier d'état
civil (C. civ., art. 165). Il est évident, en effet, que

l'indigène ayant, par sa naturalisation, renoncé d'une façon absolue à son statut personnel, il est exclusivement régi par la loi française ; il ne peut plus, dès lors, contracter mariage que conformément aux règles prescrites par cette loi. Le mariage célébré selon le rite musulman serait, en conséquence, frappé d'une nullité absolue (1).

Mais une pareille solution pourrait entraîner un grave et injuste préjudice pour la femme, dans le cas où celle-ci, abusée sur la condition de son mari, aurait cru s'unir légitimement, suivant son statut personnel, à un indigène musulman. On doit évidemment réserver, en pareille hypothèse, l'application des règles du mariage putatif et permettre à la femme d'invoquer le bénéfice des articles 201 et 202 du Code civil. C'est ce que reconnaissent, avec juste raison, la Cour d'appel et le tribunal d'Alger (2), qui décident même que le mari ne saurait dénier au mariage son caractère putatif, sous prétexte que le mariage aurait été conclu par lui avec le père de la jeune fille, qui connaissait la cause de nullité, si celle-ci, d'après son rite, était nubile et ne pouvait être mariée que de son consentement (3). Cette dernière décision se justifie facile-

---

(1) Labbé, note dans S. 79. 2. 281 ; Hamel, *De la naturalisation des indigènes musulmans.* dans la *Revue algérienne* (1890. 2. 28 ; Dunoyer, *op. cit.*, p. 190.— Alger, 26 mai 1879 (*Bull. jud. alg.*, 1881, p. 136, S. 79. 2. 281 ; D. P. 80. 2. 161); Trib. Alger, 31 juillet 1886 (*Rev. alg.*, 1890. 2. 118 ; *Journ. de Robe.* 1886, p. 412). V. aussi : Trib. Alger, 4 janvier 1870 (*Bull. jud. alg.*, 1879, p. 29) et Alger, 12 mai 1879 (*Bull. jud. alg.*, 1880, p. 77).

(2) V. les arrêts cités à la note précédente.

(3) Alger, 26 mai 1879, précité.

ment : on ne doit, en effet, se préoccuper que de la bonne foi de la femme ; la mauvaise foi du père importe peu. « Supposons, écrit M. Labbé (1), qu'un mariage soit contracté en France par une jeune fille mineure avec l'assentiment des personnes sous l'autorité desquelles elle est placée quant au mariage. Le mariage est nul. Pour savoir s'il conserve les effets d'un mariage putatif, il faut, tout le monde en conviendra, rechercher la bonne foi de la jeune fille. Celle-ci aura le bénéfice de son ignorance, quelle qu'ait été la mauvaise foi de ses parents ».

Quant aux effets de ce mariage putatif, ils sont ceux que le Code civil reconnaît à un tel mariage. Celui-ci sera considéré, à l'égard de la femme, comme valablement contracté et régulièrement dissous à son profit (2). Mais aura-t-il produit, à l'égard de celle-ci, les effets déterminés par la loi française ou ceux prévus par la loi musulmane ? Il semble, du moment que l'épouse s'appuie sur sa bonne foi, sur ce qu'elle a ignoré la condition du mari naturalisé, que son erreur doit avoir pour seul effet d'exclure de son esprit l'idée d'un changement de législation. Elle a cru se marier conformément à la loi musulmane ; ce sont les effets de cette loi qui devront régir à son égard l'union contractée ; sans cela, la femme serait déçue dans ses espérances.

Quelle sera donc exactement la situation de la femme dans notre hypothèse ? Le mariage devra être traité, vis-à-vis d'elle, comme un mariage valablement contracté,

(1) Note précitée au recueil de Sirey.
(2) V. *Pandectes françaises*, Répertoire, v° *Mariage*, n° 1316, et les autorités citées.

mais dissous par le divorce. Mais il résulte de la combinaison de cette règle avec celle d'après laquelle les effets du mariage putatif doivent être appréciés selon la loi musulmane, que la femme pourra invoquer, si elle a été de bonne foi, tous les droits, mais ceux-là seuls, qu'elle pourrait invoquer contre son mari en cas de divorce accompli selon le rite musulman. Elle pourra donc réclamer à son profit tous les droits pécuniaires résultant de sa qualité de femme mariée musulmane. Par suite, elle n'aura de titre à réclamer une pension alimentaire de son mari que si la loi islamique autorise une femme divorcée à réclamer des aliments.

La Cour d'Alger ne s'est certainement pas placée à ce point de vue, lorsqu'elle a décidé que l'annulation du mariage, en cas de bonne foi de la femme, enlève pour l'avenir à chacun des conjoints son titre d'époux, et, par voie de conséquence, tout droit à une pension alimentaire, même de la part de l'époux de bonne foi (1). Mais il faut reconnaître que cette même juridiction a réparé par un autre moyen l'injustice qu'une telle solution pouvait créer envers l'époux de bonne foi. Elle a estimé, en effet, que l'époux de mauvaise foi, en dissimulant une cause de nullité, a commis par sa faute un dommage dont il doit réparation. En conséquence, elle l'a condamné à effacer, par une indemnité, le préjudice que cette fraude a pu entraîner pour son conjoint.

b). Considérons maintenant la condition des enfants

(1) Alger, 26 mai 1879, précité. V. aussi Trib. Alger, 31 juillet 1886, précité.

légitimes de l'indigène naturalisé, nés après la naturalisation de leur père d'un mariage contracté selon la loi française. Il n'est pas douteux que la condition de ces enfants soit modelée sur celle de leur père. Cette règle est évidente, si le mariage d'où les enfants sont issus a été contracté après la naturalisation du père, puisque, ainsi que nous l'avons exposé, la mère a alors profité de cette naturalisation. Elle est également certaine, si le mariage a eu lieu avant cette naturalisation, les enfants étant nés postérieurement à cet événement, car, en admettant, ce qui est discuté (V. *infrà*, p. 162 et s.), que la femme n'acquiert pas alors la condition de son mari, il est incontestable que les enfants prendront celle de leur père, selon le principe généralement admis que, dans le conflit élevé entre les législations personnelles des parents, c'est la loi du père qui règle la condition des enfants (1).

Il en résulte que c'est la loi française qui régira la puissance paternelle, la capacité des enfants et l'organisation de leur tutelle. Mais, sur ce dernier point, une observation est nécessaire, qui nous amènera à apporter un tempérament à l'application absolue de la loi française. D'après notre Code civil, la tutelle légale est déférée soit au père, soit à la mère, soit aux ascendants du mineur (C. civ. art. 389 et s.) ; le subrogé-tuteur et les membres du conseil de famille sont choisis parmi les parents du mineur (C. civ. art. 423, 407); ces parents, auxquels devront être confiées les fonctions

(1) Hamel, *op. cit.* (*Rev. alg.*, 1887. 1. 42) ; Dunoyer, *op. cit.*, p. 205 et 208.

de tuteur, subrogé-tuteur ou membre du conseil de famille, seront tous ou presque tous des indigènes non naturalisés. Or, nous avons établi plus haut que ces diverses fonctions ne sauraient être exercées par des indigènes non citoyens (V. *suprà*, p. 56). Il faut en conclure que les parents non naturalisés des enfants mineurs de l'indigène naturalisé seront frappés d'une incapacité dans l'exercice des fonctions de tuteur, subrogé-tuteur ou membre du conseil de famille. Par conséquent, si le père et la mère seuls sont naturalisés, ils pourront seuls exercer la tutelle légale au décès de l'un d'eux. Si tous deux sont décédés, et à défaut d'ascendants naturalisés, il y aura lieu par le conseil de famille à la nomination du tuteur et du subrogé-tuteur parmi les personnes étrangères à la famille. Ce conseil de famille sera lui-même composé, conformément à l'article 409 du Code civil, de citoyens français connus pour avoir eu des relations d'amitié avec le père ou la mère du mineur ou, à défaut, de personnes honorables ou charitables désignées par le juge de paix. La tutelle ainsi déférée emportera, bien entendu, hypothèque légale sur les biens du tuteur.

Jusqu'ici, nous avons supposé que les enfants, nés après la naturalisation de leur père, sont issus d'un mariage contracté par celui-ci conformément à la loi française. Mais il pourrait arriver que cet indigène se fût uni, après sa naturalisation, avec une femme musulmane en observant les règles de la loi islamique. Nous avons établi plus haut qu'un tel mariage serait frappé de nullité absolue, mais qu'il produirait les effets d'un mariage putatif, en cas de bonne foi de la

Albert Hugues   11

femme, c'est-à-dire si celle-ci avait été abusée sur la situation légale de son mari. Dès lors, les enfants issus de ce mariage pourront invoquer le bénéfice des articles 201 et 202 du Code civil (1). Mais, tandis que nous avons vu un tel mariage produire quant à la femme les effets que reconnaît la loi musulmane, il entraîne, au contraire, quant aux enfants, les conséquences que la loi française assure à la filiation légitime. C'est que la situation de la femme et des enfants n'est pas la même. La femme a cru s'unir conformément à la loi musulmane : il est juste que l'union soit considérée à son égard comme ayant été contractée suivant cette loi. Un semblable raisonnement ne peut s'appliquer à l'enfant, à qui la légitimité s'impose puisque le mariage est valable à son égard (2). Cet enfant devra donc suivre la condition de son père, lequel est régi par la loi française.

C'est donc à juste titre que la Cour d'Alger a décidé que l'annulation du mariage putatif ne s'oppose pas à ce que le mari soit tenu de pourvoir à l'entretien de l'enfant issu de l'union jusqu'à l'époque de sa majorité (3).

---

(1) Alger, 26 mai 1879 (*Bull. jud. alg.*, 1881, p. 136, S. 79. 2. 281, D. P. 80. 2. 161) ; Trib. Alger, 31 juillet 1886 (*Rev. alg.*, 1890. 2. 118).

(2) Cogordan, *De la nationalité*, p. 25 ; Aubry et Rau, t. 1, § 69, p. 231 ; Demolombe, *De la jouissance et de la privation des droits civils*, n. 148 ; Demante, t. 1, n. 18 *bis.* V. la note de M. Labbé, S. 79. 2. 281.

(3) Alger. 26 mai 1879, précité.

Deuxième cas. — *Le mariage de l'indigène et la naissance des enfants qui en sont issus sont antérieurs à la naturalisation du mari et père.*

Le cas où l'étude des effets de la naturalisation sur la condition de sa femme et de ses enfants déjà nés présente le plus d'intérêt est celui où le mariage, qui unit les deux époux musulmans, a été célébré conformément à la loi musulmane.

La même question se poserait assurément si les époux avaient contracté leur union devant l'officier d'état civil ; mais elle aurait alors une moindre portée. La comparution des époux devant l'officier d'état civil constituerait, en effet, une option de leur part en faveur de la loi française, en ce qui concerne les conséquences civiles du mariage (V. *suprà*, p. 94) ; par suite, la naturalisation du mari et père postérieurement intervenue ne pourrait produire d'effets sur la personne de sa femme et de ses enfants que relativement aux matières qui étaient restées soumises à l'empire de la loi musulmane, c'est-à-dire à celles n'ayant pas trait au statut matrimonial (V. *suprà*, p. 99 et s.). Nos développements, qui viseront principalement le cas où le mariage aura été célébré conformément aux règles de la loi musulmane, s'appliqueront donc aussi, sous réserve de la restriction précédente, au cas de mariage célébré selon la loi française, sauf, bien entendu, que cette dernière hypothèse restera, par la force des choses, en dehors des prévisions des systèmes qui soutiennent que la loi islamique continue à régir, malgré la naturalisation du mari et père, le statut matrimonial de la famille constituée selon la loi musulmane.

Si nous entrons maintenant dans l'examen des effets de la naturalisation d'un indigène musulman sur la condition de sa femme et de ses enfants, nous pouvons dégager des arrêts de la jurisprudence et de la doctrine des auteurs quatre systèmes différents, qu'il est essentiel d'exposer et de discuter. On peut les résumer dans les quatre propositions suivantes :

1° La femme et les enfants restent indigènes musulmans ; le mari, malgré sa naturalisation, est considéré comme indigène dans ses rapports avec sa femme et ses enfants.

2° La femme et les enfants restent indigènes musulmans ; le mari naturalisé est traité comme citoyen français dans ses rapports avec sa femme et ses enfants.

3° La femme reste indigène musulmane ; les enfants deviennent citoyens français ; le mari est considéré comme citoyen français dans ses rapports avec sa femme.

4° La femme et les enfants sont compris dans la naturalisation du mari et père.

Avant de commencer l'exposé de ces différents systèmes, une observation est nécessaire. Quand nous parlons des effets de la naturalisation du père sur ses enfants, il ne s'agit, dans notre pensée, que des enfants mineurs au moment de la naturalisation. Les enfants majeurs restent indigènes musulmans sans contestation possible. Ils ont, en effet, un droit acquis à la législation qui les régit depuis leur naissance. Les soustraire à l'empire de leur législation par le seul motif que leur père viendrait à se soumettre à la loi française serait l'arbitraire et l'injustice mêmes (1). La règle que la loi du 26 juin 1889 donne, à cet égard, pour les enfants majeurs de l'étranger naturalisé, doit s'appliquer évidemment aux enfants majeurs de l'indigène naturalisé, qui sont maîtres de leurs droits, et qui, par conséquent, ne peuvent recourir qu'à la naturalisation volontaire.

PREMIER SYSTÈME. — *La femme et les enfants restent indigènes musulmans ; le mari, malgré sa naturalisation, est considéré comme indigène dans ses rapports avec sa femme et ses enfants.*

Ce système a été consacré par un intéressant arrêt de la Cour d'appel d'Alger, rendu à la date du 5 juin 1883 (2) Il résulte de cette décision que la naturalisation du mari musulman est sans influence sur la condition de sa femme ; qu'elle ne saurait avoir pour effet de modifier ou d'abolir les droits qui sont acquis à celle-ci, alors surtout que ces droits résultent d'un contrat, et qu'ils doivent leur existence à un consentement mutuel qui serait seul efficace pour les détruire. Or, d'après la Cour d'appel, ces droits sont indivisibles ; ils consistent aussi bien dans l'exécution des conventions qui ont conféré aux conjoints les titres d'époux et d'épouse, que dans la faculté qu'ils ont acquise de provoquer respectivement la dissolution de leur union

(1) Hamel, *De la naturalisation des indigènes musulmans*, dans la *Revue algérienne* (1887, 1. 50) ; *Répertoire général alphabétique de droit français*, v° *Algérie*, n° 2029.
(2) Sous Cass. 15 juin 1885 (*Rev. alg.*, 1885. 2. 310).

par les procédés de la loi musulmane. On peut affirmer, en effet, que, par rapport à ses relations avec sa
femme, le mari naturalisé est demeuré sujet français
musulman, en vertu du principe de la non rétroactivité inscrit dans le Code civil. S'il en était autrement,
il faudrait décider que le mariage pourrait comporter
des modes de dissolution différents du côté du mari
et du côté de la femme, le mari ne pouvant provoquer
la dissolution de l'union matrimoniale que d'après les
modes autorisés par la loi française, et la femme étant
tenue de recourir à cette fin aux procédés de la loi
musulmane ; or, cette dualité de situations serait contraire à ce principe incontestable, affirmé par M. Delangle, dans son rapport au Sénat, qu' « il ne peut, sur
le sol de la patrie, exister des citoyens ayant des droits
contradictoires ».

Tel est, en résumé, le raisonnement de la Cour
d'appel d'Alger. Pour bien en comprendre la portée.
il faut remarquer que cet arrêt a été rendu à une
époque où le mariage français n'admettait pas le mode
de dissolution par divorce. Il est, en effet, antérieur à
la loi du 27 juillet 1884. Or, de même que avant cette
loi, il ne dépendait pas du mari français, au moyen
d'une naturalisation obtenue à l'étranger, de rendre
dissoluble un mariage indissoluble (1), de même, il

(1) Lyon-Caen, *De l'influence de la religion des époux sur
les causes de divorce en Autriche,* monographie parue dans
le *Journal du droit international privé* (1880, p 274) ; Beau-
chet, *Du divorce en Allemagne des époux autrichiens séparés de corps,* monographie parue dans le même *Journal*
(1884, p. 271) ; Labbé, note dans le *Journal du Palais* (1876,
p. 721 et s.). — V. en ce sens Cass 9 juillet 1878 (D. P. 79.
1. 40).

ne pouvait dépendre du mari musulman, par le fait d'une naturalisation française, de rendre indissoluble un mariage dissoluble. « La même loi doit, de toute évidence, s'appliquer à l'un et à l'autre époux, puisque la raison se refuse à comprendre une union, une société, dans laquelle une seule personne serait engagée ou retenue : cette loi ne pouvait être, dans l'espèce. que la loi musulmane » (1), sans cela la femme eût été lésée dans ses espérances.

La solution de la Cour d'Alger, qui a, on le voit, une portée considérable sous un régime prohibitif du divorce, présente néanmoins un suffisant intérêt sous le régime légal actuel, en ce sens que le mari, malgré sa naturalisation, ne pourrait plus invoquer que les causes de divorce admises par la loi musulmane et qu'il ne pourrait plus opposer à la demande de divorce formée contre lui par sa femme, conformément à la loi islamique, une fin de non-recevoir tirée de la loi française. La solution donnée par la Cour d'Alger permet ainsi de déjouer la fraude qui consisterait pour le mari à demander sa naturalisation, avant toute action en divorce de sa femme, ou même au cours de l'instance provoquée par elle, dans le seul but de lui opposer un moyen de fond ou de procédure puisé dans la loi française, lui permettant soit de faire rejeter la demande, soit de la faire porter devant la juridiction musulmane (Conf. *suprà*, p. 150 et s.).

Il résulte du système de l'arrêt du 5 juin 1883 que le mariage restera régi à l'égard des époux par la loi qui

(1) Jacquey, note sous l'arrêt de la Cour d'Alger (*Rev. alg.*, 1885. 2. 310).

régissait le contrat primitif, aussi bien au point de vue des modes de dissolution de l'union qu'à celui de l'autorité maritale et des conventions matrimoniales.

Bien que l'arrêt soit muet sur la condition des enfants issus du mariage, il est évident que, suivant l'esprit de sa doctrine, ceux-ci resteront indigènes musulmans, et que les rapports de paternité et de filiation seront régis conformément aux dispositions de cette loi. C'est donc d'après la loi islamique que devront être réglées la puissance paternelle et la capacité des enfants et que devra être organisée la tutelle. Le père naturalisé sera donc, en cas de décès de la mère, le tuteur de ses enfants mineurs et, à ce titre, justiciable du cadi, conformément aux règles du droit musulman.

Le système que nous venons d'exposer a le grand avantage d'éviter le conflit des lois qui peut résulter de l'application, dans les rapports des époux entre eux et de ceux-ci avec leurs enfants, des lois française et indigène. A ce point de vue, il présente un côté séduisant. Malheureusement, il est juridiquement insoutenable. Comment peut-on raisonnablement prétendre qu'un individu, devenu par sa naturalisation citoyen français, reste, malgré cela, régi dans une certaine mesure par la loi à laquelle il a renoncé en vertu d'une manifestation éclatante de volonté, et puisse être placé, en qualité de tuteur de ses enfants, sous le contrôle du magistrat musulman, qui peut-être le considérera comme un renégat et le traitera en ennemi ! « Voilà donc, écrit M. Dunoyer (1), un système

(1) *Op. cit.*, p. 201.

qui viole ce principe que les citoyens français sont exclusivement justiciables des tribunaux français et qui, pour respecter l'homogénéité de la famille, semble ne tenir aucun compte de la naturalisation du père de famille ».

Aussi, pensons-nous que c'est en considération de circonstances spéciales relevées dans l'arrêt, que la Cour d'Alger a rendu la décision qui précède : « Attendu, disait la Cour, que sa demande de naturalisation (du mari), formulée à la suite d'un revirement singulier de volonté, n'a eu que le but vexatoire de porter préjudice à la femme..... » La naturalisation était, dans l'espèce, manifestement empreinte d'un caractère frauduleux. Dans ces conditions, elle ne pouvait avoir pour effet, antérieurement à la loi du 27 juillet 1884, de rendre indissoluble un mariage dissoluble contracté avec une femme indigène. L'adage : *Fraus omnia corrumpit* devenait applicable, conformément à la règle reçue par la jurisprudence internationale, suivant laquelle la naturalisation frauduleuse de l'un des époux n'est pas opposable à l'autre (1).

Cette circonstance de fraude, qui viciait la sincérité de la naturalisation, nous paraît avoir influé plus que de raison sur la solution donnée par l'arrêt du 5 juin 1883. Sans doute, du moment que l'intention frauduleuse du mari était établie, que la naturalisation n'était inspirée que par une pensée de vexation pour la femme, la Cour d'Alger devait, conformément à la

_____

(1) Cass., 18 mars 1878 (S. 78. 1. 193); Bruxelles. 5 août 1880 (S. 81. 4. 1).

jurisprudence internationale sus-rappelée, la déclarer inopérante à l'égard de celle-ci (1) ; mais alors c'est uniquement cette circonstance de fraude qui aurait dû servir de fondement à son arrêt, tandis qu'elle a rendu une décision de principe contraire à ce qui nous paraît être la vérité juridique. Aussi n'est-il pas étonnant que la Cour suprême, sur le pourvoi dans l'intérêt de la loi formé par le procureur général, ait cassé l'arrêt de la Cour d'Alger, en se plaçant uniquement sur le terrain du droit strict, sans examiner la question de fraude, dont sa décision ne se préoccupe même pas (2).

Deuxième système. — *La femme et les enfants restent indigènes musulmans ; le mari est traité comme citoyen français dans ses rapports avec sa femme et ses enfants.*

Dans ce système comme dans le précédent, la femme et les enfants conservent leur statut traditionnel, les enfants d'une façon absolue, la femme d'une façon relative, puisqu'elle peut s'associer après coup à la demande de son mari. Mais le mari étant traité, dans ses rapports avec sa femme et ses enfants, comme citoyen français, il y aura lieu dans l'application à un conflit de lois, dont la solution présente de sérieuses difficultés.

Envisageant d'abord la situation de la femme, ce

(1) Nous avons fait une observation analogue au sujet de la compétence en matière de divorce, en cas de naturalisation au cours de l'instance. V. *suprà*, p. 152.

(2) Cass., 15 juin 1885. (*Rev. alg.* 1885, 2. 315; *Journ.* de Robe, 1885, p. 320; S. 87. 1. 259, D. P. 86. 1. 214).

système s'appuie principalement sur l'article 1, § 3 du
sénatus-consulte du 14 juillet 1865 et sur les articles
12 et 18 du Code civil, tels qu'ils ont été modifiés par
la loi du 26 juin 1889.

D'après l'article 1, § 3 du sénatus-consulte, l'indigène musulman peut, *sur sa demande*, être admis à la
jouissance des droits civils français. C'est donc, dit-on,
que la naturalisation de l'indigène musulman est subordonnée à une demande formée par lui. Il faut en
conclure que, à défaut de demande de sa part, adressée
conformément aux prescriptions du sénatus-consulte,
la naturalisation ne peut lui être conférée. Par conséquent, la qualité de femme française ne peut être imposée à une femme musulmane par le seul fait de la
naturalisation de son mari.

D'autre part, ajoute-t-on. il y a lieu de faire application à la femme musulmane, dont le mari acquiert
droit de cité des dispositions du Code civil visant la
situation de la femme étrangère, dont le mari acquiert
la nationalité française. Or les nouveaux articles 12
et 18 du Code civil donnent seulement un droit d'option pour la nationalité française à la femme de l'é-
tranger qui se fait naturaliser ou réintégrer dans la
qualité de Français ; ils la laissent libre de conserver
la nationalité à laquelle renonce son mari ; en d'autres termes, elle ne devient Française que si elle a
expressément réclamé cette qualité. Il en doit être de
même au sujet de la femme musulmane dont le mari
devient citoyen français. Bien plus, « si dure que soit
la loi musulmane à l'égard de la femme, écrit M. Ha-

mel (1), elle lui reconnaît pourtant certains droits ;
elle lui permet notamment de conserver sa religion
quand elle est juive ou chrétienne, sans perdre le rang
d'épouse légitime. Pour la loi musulmane, fondée sur
les principes religieux, n'est-ce pas là une concession
comparable à cette disposition de la loi française qui
permet à la femme de l'étranger naturalisé de conserver sa nationalité d'origine ? Cela nous paraît incontestable, et nous nous croyons, dès lors, en droit de
conclure que rien ni dans la religion musulmane ni
dans la législation française n'autorise à prétendre
que la naturalisation obtenue par le mari indigène
s'impose bon gré mal gré à la femme. »

Envisageant ensuite la condition des enfants mineurs de l'indigène naturalisé, les partisans de ce système font un raisonnement analogue, mais un peu
différent dans ses termes, car il se heurte aux dispositions du nouvel article 12 du Code civil, d'après
lequel « deviennent Français les enfants mineurs d'un
père ou d'une mère survivant qui se font naturaliser
Français..... » Ils argumentent, comme pour la femme,
de l'art. 1, § 3 du sénatus-consulte de 1865 pour soutenir qu'il n'est pas possible d'enlever malgré lui à un
indigène son statut personnel ; par conséquent, le mineur, n'ayant pas capacité nécessaire pour formuler
une demande de naturalisation, demeure placé sous
l'empire de ses coutumes nationales, malgré la naturalisation de son père. Ce raisonnement, ajoute-t-on,
qui était inébranlable sous l'empire de l'article 2 de

(1) Monographie précitée (*Revue algérienne*, 1890. 1. 24).

la loi du 7 février 1851 et de la loi du 14 février 1882, desquelles il résultait que la naturalisation d'un individu étranger n'avait aucune influence sur la naturalisation de ses enfants majeurs et même mineurs, est également applicable sous l'empire de l'article 12 du Code civil, modifié par la loi du 26 juin 1889, bien que cette dernière disposition admette, en ce qui concerne les enfants mineurs étrangers, l'effet collectif de la naturalisation du père. Il résulte, en effet, de la loi du 26 juin 1889, qui a expressément réservé pour l'Algérie l'application du sénatus-consulte de 1865, que ce texte n'a reçu aucune modification par suite de l'entrée en vigueur de la loi. L'argument tiré de l'article 1 § 3 du sénatus-consulte reste donc entier. D'ailleurs, la naturalisation d'un étranger en France diffère beaucoup de celle de l'indigène musulman de l'Algérie. La situation de l'indigène est même inférieure à un point de vue à celle de l'étranger. C'est ainsi qu'il ne saurait être question pour lui de naturalisation par le bienfait de la loi, c'est-à-dire de naturalisation par le seul fait de la naissance sur le sol français (V. *suprà* p. 41). Cela tient à ce que la loi n'a entendu accorder les droits civils et politiques aux indigènes qu'autant qu'ils s'en sont montré dignes par leur attachement à nos institutions et leur soumission à la domination française, ce que seule la concession par le souverain permet d'assurer. Il est donc conforme à l'esprit de la loi de refuser aux enfants de l'indigène musulman le bénéfice de la naturalisation, en tant que ce bénéfice serait réclamé par eux comme une chose due, comme un droit résultant de la naturalisation de leur père.

Ce système est enseigné par les auteurs les plus autorisés et par la jurisprudence (1). Ils reconnaissent d'ailleurs que l'opinion qu'ils défendent engendre un conflit des lois particulièrement épineux, par suite de l'application au mari de la loi française, à la femme et aux enfants de la loi musulmane.

Ce conflit, doctrine et arrêts s'efforcent de le résoudre : En ce qui concerne les rapports du mari et de la femme d'abord, c'est pour le mari seulement que le mariage se trouve soumis, à compter du jour de la naturalisation, aux règles de la loi française. Pour la femme, l'union matrimoniale reste régie par la loi musulmane. Une réserve toutefois est à faire : Il est évident que la loi islamique s'appliquera à l'égard des deux époux, par conséquent même à l'égard du mari, en ce qui concerne tous les faits et actes antérieurs à la naturalisation, laquelle, conformément aux principes généraux, n'a pas d'effet rétroactif (V. *suprà*, p. 134) ; que, par suite, la naturalisation du mari au cours du mariage sera sans influence modificatrice sur le régime des biens auxquels les époux étaient sou-

(1) Weiss, *op. cit* , t. 1, p. 400 et 401 ; Charpentier, *op. cit.*, n° 598, p. 277 ; Hamel, monographie précitée (*Revue algérienne*, 1887. 1. 48, et 1890. 1. 24) ; Surville, *De la naturalisation d'un indigène musulman*, monographie parue dans la *Revue critique de législation et de jurisprudence* (1894. 1. 257). V. en ce sens, sur la condition de la femme : Alger, 20 juin 1883 (*Journ.* de Robe, 1883, p. 317) ; sur la condition des enfants mineurs : Alger. 29 mars 1893 (*Journal du droit international privé*, 1893, p. 887 ; *Rev. alg.* 1893. 2. 225 ; D. P. 93. 2. 440).

mis (1). C'est seulement pour les faits et actes postérieurs à la naturalisation qu'il y aura lieu à conflit
des lois.

Quelle est en ce cas la loi dont on devra faire application aux époux ? Il est difficile de trouver dans les
auteurs et dans la jurisprudence une théorie absolue.
On peut même relever une décision judiciaire qui
montre l'incertitude des résultats. Un jugement du
tribunal de Tizi-Ouzou (2) a décidé que, en présence
de l'impossibilité de concilier, en la matière, la législation française et la législation indigène, il y avait lieu
de conclure : 1° qu'une même législation doit nécessairement régir les deux conjoints ; 2° que cette législation doit être celle qui régit le mari naturalisé. En
d'autres termes, du jour de la naturalisation du mari,
la femme indigène perd elle-même, comme son mari,
le bénéfice de son statut personnel pour tomber sous
l'empire de la loi française. Le tribunal en déduit :
1° que la femme peut invoquer cette loi pour réclamer les droits successoraux du conjoint survivant ;
2° qu'elle ne peut se prévaloir d'un acte de divorce
consensuel.

Le principe de cette décision nous paraît insoutenable. Il est, en effet, inconciliable avec l'effet individuel de la naturalisation du mari que soutient ce système. Du moment que la femme reste en dehors de
cette naturalisation, elle continue à être soumise aux
règles de son statut personnel ; sans cela, la naturali-

(1) Trib. Tizi-Ouzou, 12 mars 1896 (*Rev. alg.*, 1896. 2.
341 ; *Journ.* de Robe, 1896, p. 356).
(2) 12 mars 1896, précité.

sation de son mari pourrait être pour elle, sur certains points, la cause d'un grave préjudice matériel et moral. Ce n'est pas, d'ailleurs, que les époux auront, contrairement à la décision du tribunal de Tizi-Ouzou, la faculté de dissoudre leur union par consentement mutuel ; une pareille solution heurterait, en effet, une règle d'ordre public reçue en France, règle dont l'observation s'impose au mari qui, lui, est citoyen français. Mais la femme pourrait certainement se prévaloir de toute autre cause de divorce reconnue par la loi musulmane (1).

Voici en quelques mots comment M. Hamel, le seul auteur qui ait essayé de résoudre le conflit, tranche la difficulté : Tout d'abord, le mari ne conservera pas à l'égard de sa femme le pouvoir de correction étendu qui lui est dénié par la loi française. Ce pouvoir lui est attribué, en effet, dans son propre intérêt pour faire respecter son autorité ; du moment que la législation française, sous laquelle il s'est volontairement placé, le lui refuse, il n'a plus aucun droit de l'exercer. En second lieu, la femme ne sera pas frappée de l'incapacité qui atteint la femme mariée en droit français et que le droit musulman ne connaît pas ; car la femme a pour elle le droit antérieur, sous lequel le mariage a été contracté. Par contre, elle ne pourra pas invoquer l'hypothèque légale de la femme, laquelle est inconnue en droit musulman. Enfin et contrairement à l'arrêt d'Alger précité du 20 juin 1883, M. Hamel décide que la femme ne pourra invoquer les cau-

___

(1) Alger, 20 juin 1883 (*Journ.* de Robe, 1883, p. 317),

ses de dissolution de la loi musulmane ; elle devra
recourir uniquement à la loi française, car les dispositions sur le divorce sont d'ordre public, de telle
sorte que les tribunaux français devront non seulement considérer comme nulle toute répudiation de la
femme par le mari, ce qui est incontestable, mais
encore refuser de prononcer le divorce à la requête du
mari et même à celle de la femme, en dehors des
règles de la loi française (1).

Reste à signaler le conflit qui peut résulter, dans ce
système, de l'application au père de la loi française,
aux enfants mineurs du droit musulman. La Cour de
cassation le résout contre l'enfant, par cette raison
que les effets de la puissance paternelle doivent être
régis plutôt par la loi des parents, à qui cette puissance appartient, qu'à celle des enfants qui la subissent (2). Nous n'insisterons pas sur ce que présente de
contestable une pareille doctrine (3), nous bornant ici
à indiquer les solutions données. La Cour suprême
conclut, contrairement à l'arrêt de la Cour d'appel contre lequel était dirigé le pourvoi (4), que le
père naturalisé a droit à l'usufruit légal des biens de
ses enfants mineurs restés indigènes. Bien entendu,

(1) Hamel, monographie précitée (*Revue algérienne*, 1890.
1. 25 et 26).

(2) Cass., 14 mars 1877 (*Bull. jud. alg.*, 1877, p. 360 ;
Journ. de Robe, 1877, p. 142 ; S. 78. 1. 25 ; D. P. 77. 1. 385).

(3) V. à ce sujet Colmet d'Aage, *Revue de droit français
et étranger*, 1844, p. 401 ; Renault, note sous l'arrêt précité
(S. 78. 1. 25).

(4) Alger. 10 juin 1875 (Estoublon, *Jur. alg.*, 1875, p. 30 ;
Journ. de Robe, 1875, p. 103 ; S. 78. 1. 25).

Albert Hugues   12

ce droit d'usufruit n'a pu prendre naissance qu'à compter du décret de naturalisation, sans effet rétroactif (1).

Toutefois, la tutelle des enfants doit être organisée, suivant M. Hamel (2), d'après la loi musulmane. Par conséquent, en cas de décès de la mère, le père deviendra tuteur et sera placé, à ce titre, sous le contrôle du cadi, bien qu'il soit citoyen français ; et si le père meurt avant la mère, la tutelle sera dévolue au cadi ou à son représentant, la mère n'ayant que la *hadana* ou garde des enfants, à moins que le père n'ait, avant de mourir, appelé à cette tutelle, conformément à l'article 392 du Code civil, sa veuve ou toute autre personne de son choix.

Tel est l'exposé de ce système et le résumé des difficultés qu'il soulève. Nous éprouvons de grandes hésitations à nous y rallier. L'incertitude des résultats auxquels il aboutit nous paraît être une première raison pour nous en écarter, alors surtout qu'il s'agit de résoudre non point un conflit de lois réellement existant entre un citoyen français et des individus de nationalité étrangère, mais un conflit qui prendrait naissance entre deux ou plusieurs individus jouissant tous de la nationalité française, dont l'un serait citoyen et les autres simples sujets, séparés seulement par les règles de leur législation civile propre. Du moment que le débat s'agite entre nationaux français appartenant à une même famille, comment peut-on

(1) Aix, après renvoi, 24 janvier 1878 *(Bull. jud. alg.,* 1878 p. 355 ; S. 78. 2. 240).

(2) Monographie précitée *(Revue algérienne,* 1887. 1. 51).

admettre que la naturalisation du chef puisse avoir
pour résultat de briser l'homogénéité qui résultait de
l'application de la même loi à tous les membres de
cette famille et être ainsi la source d'une infinité de
conflits et de tiraillements, dont l'existence ne peut
que nuire à l'autorité du mari et du père et au bon
ordre de l'association familiale?

A ce point de vue, il nous semble qu'il faille rejeter
l'assimilation absolue que l'on veut faire, dans le système que nous venons d'exposer, entre la situation de
la femme et des enfants de l'étranger naturalisé et celle
de la femme et des enfants de l'indigène devenu citoyen.
Sans doute, il est des cas où cette assimilation est possible ; c'est lorsqu'elle doit avoir pour effet de faire
bénéficier l'indigène d'une condition supérieure à la
sienne ou, tout au moins, lorsqu'elle ne tend pas à créer
entre les membres d'une même famille, qui est Française
après tout, l'abîme que creuse l'application de législations aussi différentes l'une de l'autre que les lois française et musulmane. Mais il doit en être autrement, dans
les cas où il est nécessaire, au contraire, de soumettre
les membres d'un même groupe familial à un régime
légal commun, alors que ce régime a été choisi par son
chef, ce qui indique indubitablement que ceux qui
étaient placés sous son autorité ont dû vivre et être
élevés dans les idées françaises. Dès lors, il est à présumer que la naturalisation du mari et du père ne
sera pas une cause de froissement pour la femme et
pour les enfants.

Aussi, n'admettons-nous pas l'application que l'on
veut faire des articles 12 et 18 du Code civil à la

femme et aux enfants de l'indigène naturalisé, pour décider que ceux-ci ne sont pas compris dans le décret de naturalisation du mari et du père. Cette assimilation, qui aurait pour résultat de rompre l'unité de la famille indigène, alors que les efforts du législateur doivent tendre, au contraire, à unir entre eux les indigènes et à les grouper graduellement sous la protection de nos lois, ne se justifie ni au point de vue législatif, puisqu'aucun texte ne la commande, ni au point de vue politique, puisqu'elle est en opposition absolue avec la nécessité d'accroissement de l'influence française sur nos sujets algériens.

Nous avons vu toutefois l'opinion contraire se prévaloir du texte de l'article 1, § 3 du sénatus-consulte de 1865, lequel paraît, dit-on, subordonner l'octroi de la naturalisation aux indigènes à une demande de leur part. On en conclut que, à défaut de demande, l'indigène ne peut obtenir les droits du citoyen, ce qui implique l'effet individuel de la naturalisation. L'argument porte à faux : c'est à tort que l'on donne au texte du sénatus-consulte un caractère restrictif ; tout au contraire, il semble, d'après les termes de sa rédaction, n'apporter nul obstacle à l'existence d'un autre mode de naturalisation que celui qu'il prévoit : « L'indigène musulman, dit-il, peut, sur sa demande, être admis... etc. » Ce texte ne comporte-t-il pas une certaine élasticité ? L'affirmative nous paraît manifeste. Le sénatus-consulte signifie simplement que l'indigène, qui est appelé, dans un avenir plus ou moins éloigné, à être incorporé de plein droit dans la grande famille française, peut prendre les devants et réclamer dès maintenant les prérogatives attachées à la qualité de citoyen ; il pourra y être admis sur sa demande. Mais cela n'exclut pas pour lui la possibilité d'y arriver indépendamment de toute volonté par lui manifestée, par exemple, lorsque, comme cela se présentera dans le cas de naturalisation d'un mari ou d'un père, il résultera des circonstances que l'indigène, d'après les habitudes prises et l'éducation reçue, est devenu apte à jouir des droits et prérogatives attachées au titre de citoyen. Peut-être aussi, le sénatus-consulte de 1865 a-t-il eu en vue uniquement de proscrire chez les indigènes algériens la possibilité d'une naturalisation de plein droit, par le seul fait de la naissance en territoire algérien, comme cela aurait pu se produire par application de la loi du 7 février 1851 et plus tard des lois des 16 décembre 1874 et 26 juin 1889. Il y avait, en effet, des raisons spéciales pour rendre une pareille prohibition : d'une part, la non aptitude des indigènes à l'exercice des droits de citoyen ; d'autre part, la promesse faite dans l'acte de capitulation d'Alger, de respecter la religion du peuple vaincu (V. *suprà*, p. 41).

Troisième système. — *La femme reste indigène musulmane ; les enfants deviennent citoyens français ; le mari est considéré comme citoyen français dans ses rapports avec sa femme.*

Ce système ne diffère du précédent qu'en ce qui concerne la situation des enfants mineurs. Il rejette, comme lui, l'effet collectif de la naturalisation du

mari à l'égard de sa femme et il s'appuie, pour soutenir cette solution, sur les mêmes arguments; mais il
admet, au contraire, que la naturalisation du père musulman entraîne de plein droit celle de ses enfants
mineurs.

En réalité, ces deux systèmes font aux indigènes
musulmans application des règles qui régissent la
naturalisation des étrangers. Mais il est remarquable
qu'ils aboutissent à une conclusion différente à l'égard
des enfants. Dans le système précédemment exposé,
on soutient que la loi du 26 juin 1889, en introdui-
sant dans l'article 12 du Code civil une disposition
aux termes de laquelle les enfants mineurs de l'étranger naturalisé deviennent Français de plein droit, n'a
pu modifier le régime légal antérieur applicable à
l'Algérie, et l'on s'appuie sur ce que, le sénatus-consulte de 1865 ayant été formellement réservé par la loi
de 1889, ce texte n'a pu éprouver aucune modification
par suite de l'entrée en vigueur de cette loi. C'est ce
raisonnement que critiquent les partisans de notre
troisième système. La loi de 1889, disent-ils, tout en
réservant l'application à l'Algérie du sénatus-consulte
de 1865, doit néanmoins produire certaines conséquences indirectes sur la naturalisation dans notre
colonie africaine. Le sénatus-consulte de 1865 n'ayant
pas prévu les effets de la naturalisation du père sur
la personne de ses enfants mineurs, il convient de
suivre, en ce qui les concerne, les principes applicables à l'acquisition de la nationalité française de la
part des étrangers. Ces principes étant modifiés, la
même analogie qui, jusqu'à la loi du 7 février 1851,

faisait considérer la naturalisation des indigènes musulmans comme individuelle, doit nous conduire aujourd'hui à la solution contraire. Par suite, les enfants de l'indigène naturalisé acquièrent les droits de citoyen français par contre-coup de la naturalisation de leur père, conformément à la loi de 1889 (1).

Comme on le voit, la divergence entre les deux systèmes réside uniquement dans une différence d'appréciation au sujet de la portée modificatrice de la loi du 26 juin 1889 sur le régime antérieur applicable en Algérie à la naturalisation des étrangers.

Bien que ce dernier système nous paraisse supérieur au précédent, en ce qu'il unifie la condition juridique du père et celle de ses enfants, et qu'il évite par là même une source de conflits familiaux regrettables, nous devons le rejeter, puisqu'il raisonne en s'appuyant sur les mêmes arguments et qu'il est, d'autre part, impuissant à résoudre les difficultés qu'engendre le conflit des lois personnelles entre le mari et la femme. Il trouve, d'ailleurs, sa réfutation dans les mêmes considérations qui nous ont servi à combattre le système précédent.

(1) Audinet, *De la nationalité française en Algérie*, monographie parue dans la *Revue Algérienne* (1889, 1, 163) ; *Répertoire général alphabétique de droit français*, v° *Algérie*, n° 2027, 2028, 2030 ; Dalloz, *Répertoire de législation*, Supplément, v° *Organisation de l'Algérie*, n° 621 et 622.

Quatrième système. — *La femme et les enfants sont compris dans la naturalisation du mari et du père.*

Ce système proclame l'effet collectif de la naturalisation de l'indigène musulman. Il admet que la femme et les enfants sont de plein droit soustraits à l'application des règles de leur statut personnel, et sont régis désormais par le statut personnel français.

En ce qui concerne la femme d'abord, la substitution de statut, dont les conséquences sont analogues à celles que nous avons exposées pour le cas où la femme se serait associée à la demande de naturalisation de son mari (V. *suprà*, p. 132 et s.), sera absolue pour tous les actes et faits postérieurs à la naturalisation du mari. Une réserve toutefois est à faire : si la naturalisation de celui-ci était intervenue par pure fraude, c'est-à-dire si elle avait été demandée uniquement en vue d'enlever à la femme l'application des règles de son statut personnel, elle serait inopérante à l'égard de celle-ci. Nous nous sommes d'ailleurs suffisamment étendu sur ce point, lorsque nous avons fait l'étude du premier système (V. *suprà*, p. 165 et s.). Bien entendu, la substitution de statut n'aura pas lieu pour les actes et faits antérieurs à la naturalisation du mari, lesquels, conformément à des principes déjà exposés, resteront réglementés d'après les principes du droit musulman.

En ce qui concerne les enfants mineurs, l'effet collectif de la naturalisation du père s'appliquera avec la même étendue. Ceux-ci seront désormais traités comme fils de citoyen français, soit au point de vue des rapports de paternité et de filiation, soit au point de vue de leur capacité contractuelle et de l'organisation de leur tutelle.

Ce système, qui est consacré, au moins pour la femme, par la Chancellerie du ministère de la Justice et par le Conseil d'Etat (1) est admis par un certain nombre d'auteurs (2). C'est celui vers lequel s'inclinent nos préférences.

La justification de notre opinion se trouve à peu près faite par les développements qui précèdent. Il nous reste bien peu à dire pour en montrer le bien fondé.

Les seuls textes qu'on puisse lui opposer sont ceux qui concernent la naturalisation des étrangers : les articles 12 et 18 du Code civil. A la vérité, s'il existait une disposition légale, déclarant applicable à la naturalisation des indigènes musulmans les articles du Code civil qui régissent celle des étrangers, la question serait vite tranchée, et les discussions seraient vaines. Mais nous ne trouvons aucun texte qui édicte une pareille assimilation. Bien plus, nous avons établi qu'il y avait des raisons particulières pour rejeter la confusion que l'on veut faire, dans le système contraire, entre les nationaux étrangers et nos sujets français d'Algérie, au point de vue de l'acquisition du titre de citoyen. L'indigène n'a pas à changer de nationalité :

(1) V. à cet égard la circulaire du gouverneur général du 24 juin 1884 (Estoublon et Lefébure, *Code de l'Algérie annoté*, p. 638).

(2) Dunoyer, *op. cit.*, p. 202 ; Besson, *op. cit.*, p. 78 ; Rack, monographie parue dans le *Journal* de Robe, 1885, p. 273.

tout ce qu'il peut demander, c'est d'obtenir la qualité de citoyen, en répudiant son statut personnel. Il en résulte que la femme et les enfants du musulman indigène naturalisé n'ont pas besoin, pour perdre leur statut en même temps que le chef de famille, d'abdiquer leur nationalité d'origine, comme les étrangers sont obligés de le faire.

Mais il est une considération essentielle qui exige le triomphe de notre opinion : c'est la nécessité d'assurer l'homogénéité dans la famille musulmane. Il nous paraît impossible de soutenir que les membres d'une même famille française puissent être soumis à des législations différentes, au risque de faire naître les conflits familiaux les plus graves et de jeter le trouble et la discorde au sein de la collectivité. Or, ces conflits seraient innombrables en cas de lutte entre deux législations aussi contraires que les lois française et musulmane. Qui ne sait que ces deux lois partent de points de vue diamétralement opposés et aboutissent à des divergences capitales sur toutes les matières de l'ordre civil, et en particulier sur les matières du statut familial : puissance paternelle, dissolubilité du lien conjugal, obligation et droit alimentaires, tutelle, majorité, etc. ? Il importe, au plus haut degré, dans l'intérêt de la domination française, de tarir les sources de tiraillement et de discorde entre les membres d'une même famille indigène. A ce point de vue, nous pensons qu'il y aurait danger à laisser subsister entre eux une cause de troubles graves et fréquents.

Ce point étant admis, il est évident que c'est la loi

française qui devra régir la condition de la femme et des enfants mineurs de l'étranger naturalisé. On ne peut songer à leur faire application de la loi musulmane, car il est inadmissible, pour les raisons que nous avons données lors de l'exposé du premier système (V. *suprà*, p. 168 et s.), que l'indigène, qui est devenu citoyen français par sa naturalisation, reste soumis, même dans la plus faible mesure, à une loi autre que la loi française. Dès lors, c'est cette dernière loi qui doit régir la situation légale du groupe familial. Cela est parfaitement juridique et conforme au principe déjà exposé dans cette étude, à savoir que c'est à titre exceptionnel et par pure tolérance que les indigènes sont restés en possession de leur statut personnel ; que, par suite, c'est la loi française qui forme la règle, et que c'est elle qui doit avoir la prépondérance dans le conflit qui peut s'élever entre les dogmes du Coran ou les coutumes locales et les principes du Code français. Nous concluerons donc, avec M. Dunoyer (1), que « puisque la conciliation des deux législations est impossible, puisque les deux époux et leur famille doivent être régis par une seule et même loi, il faut admettre que la femme du musulman naturalisé et les enfants nés de son mariage avant la naturalisation seront traités, à compter de ce jour, comme de vrais Français, soumis en tout et pour tout à la législation française. C'est la conséquence du lien intime qui unit les uns aux autres les époux et leurs enfants... »

(1) *Op. cit.*, p. 208.

CHAPITRE TROISIÈME

Le premier devoir d'un peuple vainqueur, après qu'il a pacifié le pays soumis par ses armes, est de s'employer à opérer la fusion des divers éléments de population du territoire conquis, de les ranger sous la loi commune, en s'efforçant d'assurer la soumission volontaire à son autorité et la fidélité à ses institutions nationales.

Ce problème, dont la solution offre de sérieuses difficultés, lorsque vainqueurs et vaincus jouissent d'une civilisation à peu près égale et obéissent à des lois presque identiques, présente un caractère irritant lorsque les deux peuples sont régis par des lois personnelles essentiellement opposées et se sont formés dans des milieux sociaux différents. L'antagonisme des races atteint alors un degré de violence extrême, et l'œuvre d'assimilation des peuples, que poursuit la nation victorieuse, est hérissée de périls qu'il est souvent fort difficile de prévenir.

Tel a été le cas pour l'Algérie. Au moment de la conquête, il n'existait entre les populations française et musulmane aucun lien de rapprochement ; tout, au contraire, les divisait : les mœurs, les lois, les croyances religieuses. Nous avons fréquemment rappelé, au cours de cette étude, les différences fondamentales qui séparent le droit français et le droit musulman. Celui-ci est un droit religieux, quasi-coutumier, auquel les indigènes sont attachés par une tradition plusieurs fois séculaire, et qui leur a été transmis sans modification, ni amélioration, puisqu'il n'est pas l'œuvre des hommes et leur a été révélé par Dieu. Celui-là, au contraire, est une conception humaine, se modifiant sans cesse. évoluant avec les époques et avec les mœurs, et accomplissant par étapes successives une marche ascendante vers le progrès.

Au moment de la conquête de l'Algérie, la première pensée du gouvernement français a été de régler la condition légale des indigènes musulmans. Fallait-il leur attribuer de plein droit, comme résultant de l'annexion, la qualité de citoyen, en leur conférant, brusquement et contre leur gré, des droits et en leur imposant des devoirs, dont l'exercice ou l'observation eût été en contradiction violente avec l'esprit de leur propre législation, ou au contraire leur abandonner la jouissance de leurs droit et coutumes traditionnelles, en organisant un système d'assimilation progressive, qui eût opéré à leur profit, la conquête insensible et graduelle de la condition de citoyen ? C'est à ce dernier parti que s'est arrêté le gouvernement français.

Au point de vue du droit civil d'abord, il eût été impolitique de soustraire de vive force les indigènes à l'observation d'une loi fondée sur la religion, au risque de troubler leurs consciences aveugles, et de faire naître

dans leur esprit contre la nation française un sentiment de défiance et peut-être de haine. L'œuvre d'assimilation eût été compromise, car une pareille mesure
aurait creusé entre les deux peuples un abime infran-
chissable.

Au point de vue du droit public, la concession à
toute la masse des droits de citoyen eût constitué une
faute irréparable. Outre que la participation aux institutions politiques exige une éducation intellectuelle
assez élevée pour que l'individu puisse saisir la haute
signification de ses droits, éducation qui fait totale-
ment défaut à l'indigène, elle fournit à ceux qui l'exercent une influence qui ne doit appartenir qu'à ceux
qui ont donné des gages de fidélité à la patrie. Or, tel
n'est pas le cas des indigènes. A l'époque de la conquête, c'eût été folie que de leur livrer des armes, qui
leur auraient permis de lutter contre la domination
française, alors surtout que l'élément français était en
nombre infime par comparaison avec la masse de la
population musulmane.

Ces considérations ont amené le gouvernement à
placer les indigènes musulmans dans un état d'infériorité par rapport aux citoyens français. Mais il n'a
nullement entendu leur interdire l'accession au droit
de cité française. Il a pensé, au contraire, que l'un
des plus efficaces moyens d'assimilation était d'encourager les naturalisations. C'est dans cet esprit qu'il a
rendu le sénatus-consulte du 14 juillet 1865 et organisé une procédure simple en vue de permettre aux
indigènes d'acquérir les droits de citoyen.

L'œuvre du législateur sur ce point mérite d'être

approuvée sans réserve. La naturalisation paraît être,
en effet, d'autant plus sincère que l'indigène a lui-
même témoigné de son désir d'être incorporé dans la
famille française ; et elle semble devoir être d'autant
plus fréquente que les formalités pour l'obtenir sont
plus simples. Malheureusement, ce facteur d'assimilation sur lequel comptait le gouvernement français n'a
pas porté les fruits qu'il en attendait. Il est pénible de
constater que le chiffre des naturalisations est insigni-
fiant par rapport au nombre des indigènes de l'Algérie,
et que ces naturalisations ne présentent pas le caractère de sincérité qu'on avait, au début, espéré d'elles.

Si l'on consulte, en effet, les statistiques publiées sur
l'état des naturalisations en Algérie, on est obligé de
convenir que les sujets musulmans se sont montré
peu désireux de se voir conférer les droits de citoyen.
C'est ainsi que, de 1865 à 1880, il n'a été accordé aux
indigènes que 476 naturalisations, soit 19 en moyenne
par année. Depuis cette époque, le nombre n'en a
guère augmenté, puisque, de 1880 à 1890, il n'a été
rendu que 307 décrets, soit à peu près 31 par année.
Au cours de ces dernières années, le mouvement ne
s'est nullement accentué, puisqu'on compte seulement
16 naturalisations en 1891, 46 en 1892, 37 en 1893, 48
en 1894, 31 en 1895, 48 en 1896 (1) et 32 en 1897 (2). Il
semble qu'il y ait eu un léger progrès en 1898 ; il a, en

(1) Ces statistiques sont empruntées à l'étude publiée par
M. Olier (*Les résultats de la législation sur la nationalité
en Algérie*. dans la *Revue politique et parlementaire*. 1897,
t. 13, p. 552).

(2) Rapport au Garde des Sceaux, adressé par le Directeur

effet, été accordé 75 naturalisations (1) au cours de cette dernière année ; mais c'est là un accroissement purement accidentel, qui ne révèle en aucune façon une impulsion nouvelle dans la voie des naturalisations. En résumé, depuis le sénatus-consulte de 1865 jusqu'au 1er janvier 1899, on ne compte que 1.119 décrets, chiffre dérisoire si on le compare au nombre des indigènes algériens. Aussi bien, est-on en droit de penser, au vu de semblables résultats, que les indigènes sont absolument réfractaires à un changement de législation et que l'absorption de la population indigène dans la grande famille française sera l'œuvre de plusieurs siècles.

Ceci n'est rien encore : Si l'on envisage les mobiles qui poussent quelques rares indigènes à se faire naturaliser, on s'aperçoit vite que l'insensible mouvement qui vient d'être constaté est purement factice ; il n'est, en effet, dans la grande majorité des cas, nullement inspiré par un sentiment de dévouement et de fidélité envers la patrie française. La plupart des postulants sont des ambitieux, qui ne voient dans la naturalisation qu'une source de faveurs à obtenir du gouvernement, ou de pauvres hères qui ne sont guidés que par un intérêt personnel, comme celui d'éviter le paiement de charges fiscales fort lourdes, les impôts arabes, et qui ne deviennent citoyens français qu'à titre purement

des affaires civiles et du Sceau, sur la naturalisation en 1897, *Journ. off.* du 5 mars 1898.

(1) Rapport au Garde des Sceaux, adressé par le Directeur des affaires civiles et du Sceau, sur la naturalisation en 1898, *Journ. off.* du 6 février 1899.

nominal. Non seulement ils ne réclament pas, pour la plupart, leur inscription sur les listes électorales, mais encore eux-mêmes, oubliant qu'ils ont renoncé à leur statut personnel, continuent à s'inspirer uniquement des lois qui étaient les leurs avant la naturalisation, en pratiquant la polygamie et la répudiation. Naturellement, ils élèvent leurs enfants dans les traditions musulmanes, et, comme le plus souvent ils se sont abstenu de déclarer leur naissance à l'état civil, ceux-ci sont rarement portés sur les listes de recrutement et échappent ainsi aux obligations du service militaire.

Tels sont les résultats obtenus sous l'état législatif actuel. Comment expliquer cette abstention des indigènes à réclamer un titre pourtant avantageux ? Cette recherche est utile, car les solutions auxquelles elle aboutit nous aideront a reconnaître s'il est possible de porter remède à une situation très regrettable.

Le principal obstacle aux naturalisations se trouve dans l'obligation pour l'indigène, devenu citoyen, de renoncer aux règles de son statut personnel et de se soumettre à l'observation d'une loi qui est inconciliable avec ses croyances et ses traditions. La loi musulmane, faut-il encore le dire, est inséparable de la loi religieuse. Par suite, la naturalisation, qui emporte pour l'indigène renonciation à sa loi personnelle, est considérée comme une apostasie aux yeux des musulmans. L'indigène qui a abdiqué sa loi est voué au mépris de ses coréligionnaires, qui voient en lui un renégat et un indigne (1) ; car si en devenant

(1) Hamel, *De la naturalisation des indigènes de l'Al-*

citoyen, le musulman reste maître de son culte, c'est à la condition de se dégager des conséquences que réprouve la loi française, telles que la polygamie, la répudiation, l'achat de la femme, la contrainte paterternelle, etc. Or, ce sont là des droits qui sont chers au cœur de tout bon croyant.

Mais il est d'autres raisons qui expliquent la réserve dans laquelle se tiennent les indigènes à demander leur naturalisation. Sans parler d'une insouciance naturelle, ou d'une ignorance absolue des avantages qui résulteraient pour eux de la qualité de citoyen français, les indigènes sont arrêtés par la considération du service militaire auquel leurs enfants seraient assujettis de plein droit ; or, c'est assurément là une charge à laquelle il leur est pénible de se soumettre. On peut ajouter aussi que le décret du 21 avril 1866, qui a énuméré les emplois pouvant être confiés aux indigènes non naturalisés et déterminé les droits en résultant pour eux, est cause, dans une assez large mesure, de la quasi-abstention de la population musulmane à réclamer la naturalisation. En faisant aux indigènes la part très belle dans les fonctions qu'ils peuvent exercer, et en leur donnant des droits à une pension de retraite, on a tari une source importante de naturalisations, puisque, satisfaits de ces emplois, qui permettent à un grand nombre de gagner honorablement leur vie, le titre de citoyen n'exerce plus sur eux un grand attrait. Enfin, le défaut d'instruction et

gérie, dans la *Revue algérienne* (1886. 1. 112) ; Charpentier, *Précis de législation algérienne*, p. 272 ; Besson, *op. cit.*, p. 79.

d'éducation des indigènes est un des facteurs importants de leur éloignement. Cette ignorance des choses
les plus élémentaires, cette inexpérience naïve qui les
a fait comparer souvent à des enfants, ont pour principal résultat de maintenir dans leur esprit les préjugés de naissance qui les ont toujours tenus et les
tiennent encore aujourd'hui éloignés de notre civilisation.

Cette situation est éminemment regrettable. Il est
temps de songer à en rechercher les remèdes, si toutefois il en existe. Comment le gouvernement français
doit-il s'y prendre pour activer le mouvement d'assimilation? La fusion des races peut-elle, à défaut d'impulsion spontanée de la part des individus, être imposée de vive force à la masse, au risque de contrarier
les mœurs et de froisser les consciences dans leurs
sentiments les plus respectables?

Ce problème, qui présente en Algérie un intérêt
primordial, a fait l'objet, au cours de ces dernières
années, d'importants travaux de la part des publicistes
et des parlementaires. Les solutions qui ont été pro-
posées peuvent se ramener à deux :

1° L'assimilation absolue ou la concession aux indigènes de tous les droits civils et politiques attachés à
la condition de citoyen français ;

2° L'assimilation imparfaite ou l'attribution des
droits politiques à tous ou à certaines catégories d'indigènes, ceux-ci restant placés sous l'empire des règles
de leur statut personnel.

I. — Le système de l'assimilation absolue est trop
radical pour qu'il puisse être pris sérieusement en con-

sidération. Il est, d'ailleurs, à remarquer que les solutions qu'il propose et qui tendent à l'incorporation violente de la population musulmane dans la nationalité française, ne rencontrent plus aujourd'hui de partisans bien convaincus.

Il faut reconnaître qu'un pareil système est en opposition avec l'intérêt le plus élémentaire de la domination française en Algérie. L'expérience qui en a été tentée par le décret du 24 octobre 1870, conférant aux indigènes israélites la naturalisation collective, n'a pas donné de résultats suffisamment probants pour qu'il soit permis d'en attendre de meilleurs de la concession des droits de citoyen à la population musulmane, alors surtout qu'il n'est pas douteux que le Juif soit plus assimilable que le musulman, parce qu'il est moins attaché que lui à ses lois et coutumes traditionnelles.

Il est indéniable, en effet, que l'exercice des droits politiques ne saurait, sans danger pour l'avenir de la colonie, être conféré de plein droit à une masse de quatre millions d'hommes, qui n'y est nullement préparée par son éducation et qui n'userait de ses nouvelles prérogatives que pour lutter contre une domination gênante et forte seulement de quelques cent mille individus. La concession collective des droits de citoyen, qui affranchirait les indigènes des mesures de surveillance et de répression auxquels ils sont actuellement soumis et leur donnerait le droit de participer à l'exercice des pouvoirs publics et d'être incorporés dans les armées françaises, serait pour la population musulmane une arme puissante qu'ils ne tarderaient pas à diriger contre nous et sous laquelle nous finirions peut-être par succomber. Au point de vue politique, la naturalisation collective des indigènes pourrait donc avoir les conséquences les plus funestes, car il y aurait danger « à livrer les fonctions, les mandats électifs, l'administration tout entière de la colonie, à des indigènes peut-être encore ennemis de notre domination, à leur donner le droit de suffrage, et à les admettre dans nos armées » (1).

Mais si l'intérêt de l'influence française en Algérie interdit de conférer de plein droit aux indigènes la qualité de citoyen, il est une autre considération également essentielle qui s'oppose à une pareille mesure : c'est la résistance même de la population musulmane, qui considère la soumission à la loi française comme une apostasie, résistance dont nous avons trouvé un indice dans l'abstention des indigènes à demander la naturalisation individuelle. Il en résulte que le système de l'assimilation absolue, mis en pratique, irait à l'encontre du but poursuivi, et on a pu craindre, à juste titre, sans faire preuve d'un pessimisme exagéré, que l'atteinte portée par la naturalisation collective au libre exercice de la religion musulmane dût entraîner en Algérie des troubles graves et ne fût suivie d'un soulèvement général des tribus

On peut donc dire que l'opposition au système de l'assimilation absolue vient des indigènes eux-mêmes. Et ce n'est pas là une affirmation en l'air. Elle est cor-

(1) Weiss, *op. cit* , t. 1. p. 402.

roborée par les faits. La résistance de la population
musulmane est mentionnée à chaque page dans l'ouvrage qui a été publié sur les travaux de l'enquête de la
Délégation sénatoriale présidée par M. Jules Ferry (1).
D'autre part, il est à remarquer, à cet égard, que la
prise en considération par la Chambre des députés
d'une proposition de loi de MM. Michelin et Gautier,
dont nous parlerons plus loin, et qui avait été inter-
prétée par la population musulmane comme tendant
à la soustraire à son statut personnel, fut suivie d'une
pétition adressée à la Chambre par un nombre considérable de notables indigènes de Constantine, pétition
qui protestait avec énergie contre cette proposition,
à tel point que le Gouvernement général et les Conseils généraux d'Algérie se prononcèrent catégorique-
ment contre elle, en faisant valoir, entre toutes autres
raisons, l'émotion énorme que la prise en considération de la proposition avait soulevée dans le monde
musulman.

La valeur des considérations qui précèdent est
reconnue par tous, et le système de l'assimilation
forcée et générale, avec ses conséquences civiles et
politiques, est aujourd'hui presque abandonné.

On a proposé toutefois, récemment, d'en faire l'application, non plus à toute la masse des indigènes,
mais à une certaine catégorie qui en serait digne par
la nature même de leurs fonctions. M. Bazile a déposé
sur le bureau de la Chambre des députés, le 11 dé-

(1) Henri Pensa, *L'Algérie*, Enquête sénatoriale, p. 147,
181, 239, 386, etc.

cembre 1895, une proposition de loi tendant à accorder le bénéfice de la grande naturalisation aux indigènes algériens ayant servi dans l'armée française (1). Mais le projet fait des distinctions : pour les hommes de troupes des régiments de tirailleurs et de spahis algériens et pour les sous-officiers ou médaillés, la naturalisation serait accordée sur leur seule demande ; pour les officiers indigènes, la naturalisation serait acquise *ipso jure* à partir de la promulgation de la loi. Comme on le voit, c'est seulement à l'égard des officiers que la naturalisation s'opèrerait de plein droit. Pour les sous-officiers et soldats, les formalités seraient réduites à une simple demande.

L'exposé des motifs (2) dit qu'il est juste de mettre, dans la mesure du possible, les Arabes sur le même pied que les Israélites et de leur conférer le bénéfice de la nationalité française, chaque fois du moins qu'ils

(1) Voici le texte de la proposition de loi de M. Bazile :

Art. 1. — La nationalité française est acquise sur leur seule demande aux hommes de troupe des régiments de tirailleurs et de spahis algériens comptant huit années de service dans l'armée française.

Art. 2. — Le temps de service exigé par l'article 1er est réduit de moitié pour les hommes de troupe de ces régiments décorés de la légion d'honneur, ou de la médaille militaire, et pour ceux qui ont acquis le grade de sous-officier.

Art. 3. — A dater du jour de la promulgation de la présente loi, les officiers indigènes des régiments de tirailleurs et de spahis algériens, sont déclarés citoyens français.

Art. 4. — Un décret déterminera la nature des justifications à produire pour l'obtention de la naturalisation.

(2) *Journal officiel*, 1895, Doc. parlement., Ch. des dép., ann. 1667, p. 1547.

ont manifesté leur attachement à la France. Les conséquences d'une pareille loi seraient doubles : 1° pendant leur service, soldats et sous-officiers étant devenus Français, pourraient prétendre à l'épaulette d'officier et arriver à tous les grades ; 2° à la sortie du service militaire, les indigènes jouiraient naturellement de tous les droits politiques des citoyens français.

Il n'y aurait aucune objection à opposer à cette proposition, si elle subordonnait à une demande l'octroi de cette naturalisation, même quand il s'agirait d'un officier indigène. On ne pourrait, au contraire, qu'y applaudir, car on est en droit de penser que les musulmans, qui ont servi sous les drapeaux français, présentent des garanties sérieuses de dévouement à la patrie et de fidélité à nos institutions. Mais de ce que les officiers indigènes peuvent être rangés, avec juste raison, dans la catégorie des Français de cœur et sont dignes à ce titre d'exercer les droits et prérogatives attachés à la qualité de citoyen, il ne s'ensuit pas qu'ils soient eux-mêmes désireux de se soumettre à l'observation des règles d'une loi civile que leur religion réprouve. Une naturalisation forcée ne serait-elle pas une atteinte portée contre leur foi religieuse, puisqu'elle entraînerait renonciation à l'application des règles de leur statut personnel ? L'affirmative n'est pas douteuse. Le fait d'avoir passé plusieurs années sous les drapeaux et même l'exercice d'un grade dans l'armée n'a jamais eu pour conséquence de soustraire un indigène à l'observation des préceptes de sa religion. Les corps de troupes indigènes sont, en effet, la plupart du temps cantonnés dans l'intérieur de l'Algérie, de telle sorte que les officiers ont pu rester le plus souvent en contact avec leurs correligionnaires et continuer à obéir aux lois du Coran. C'est ce qui a lieu, d'ailleurs, en pratique, ainsi que le prouvent de nombreux exemples. La naturalisation forcée de ces individus serait une atteinte portée à la liberté de leur conscience. Tout ce qu'on peut faire pour le moment, c'est de réduire à l'extrème les conditions de leur admission au droit de cité et de décider, ainsi que le propose M. Bazile pour les sous-officiers et les soldats, que les droits de citoyen leur seront attribués sur leur simple demande, sans formalités particulières.

II. — Les puissantes considérations que l'on fait valoir contre le système de l'assimilation absolue ont amené un grand nombre de publicistes et de parlementaires à s'arrêter à un système moins radical et ménageant mieux la transition. On a été vivement frappé de la résistance qu'opposaient les indigènes à la mise en pratique d'une mesure considérée comme vexatoire au premier chef, et l'on s'est prononcé pour un système progressif, suivant lequel les indigènes, tout en étant naturalisés de plein droit, resteraient sous l'empire de leur statut personnel. De cette façon, la religion musulmane serait sauvegardée.

Ce principe étant admis, les uns ont voulu accorder cette situation nouvelle à toute la masse des indigènes ; les autres ont fait des distinctions et n'ont entendu appliquer ce mode nouveau de naturalisation qu'à certaines catégories de musulmans.

C'est M. Michelin qui s'est fait au Parlement le défenseur de la première manière. Le 15 juin 1887, lors de la discussion de la loi sur le recrutement, il proposa, de concert avec M. Gaulier, un amendement tendant à soumettre tous les indigènes de l'Algérie au service militaire. Cet amendement ayant été pris en considération par la commission de l'armée, ces deux députés rédigèrent une proposition de loi portant reconnaissance des droits de citoyen français à tous les indigènes musulmans (1).

Dans l'exposé des motifs de cette proposition, MM. Michelin et Gaulier exprimaient qu'il y avait injustice et inconséquence à ne pas étendre aux musulmans des droits que le décret du 24 octobre 1870 avait accordés aux indigènes israélites, alors qu'ils appartiennent à la même famille que ceux-ci et qu'ils obéissent à des coutumes presque identiques ; que l'intérêt de la France n'était point de maintenir, comme une classe à part, une population nombreuse et sans cesse croissante. Et, dans le rapport déposé le

(1) Voici le texte de la proposition de loi déposée par MM. Michelin et Gaulier *(Journal officiel.* 1887, Doc. parlement., Ch. des déput., ann. 1846, p. 915) :

Art. 1er. — Les musulmans indigènes des départements de l'Algérie sont déclarés citoyens français.

Art. 2. — Toutes les lois politiques de la France leur sont applicables.

Art. 3. — Au point de vue civil, ils restent soumis à leurs lois personnelles, à moins qu'ils ne déclarent, conformément au décret du 24 octobre 1870, qu'ils entendent être régis par les lois civiles de la France.

Art. 4. — Toute disposition législative, tout sénatus-consulte, décret, règlement ou ordonnance contraires, sont abolis.

16 juillet 1888, par M. Michelin (1), celui-ci disait :
« Il est temps de cesser de considérer les populations
indigènes comme des populations conquises, et il est
juste de les assimiler aux citoyens d'origine, en leur
conférant les mêmes droits et en leur imposant les
mêmes sacrifices ».

Cette proposition n'eût pas de suite. Les incidents
politiques détournèrent d'elle l'attention, et la législature prit fin sans qu'aucune solution fût intervenue.

Au cours de la dernière législature, M. Michelin a
repris ses anciennes idées. A la séance de la Chambre
du 16 janvier 1897, il a déposé, de concert avec
M. Cluseret, une proposition de loi tendant à conférer les droits de citoyen aux musulmans de l'Algérie
et à leur faire application de toutes les lois politiques
françaises, tout en les laissant soumis à leur loi civile
et religieuse et à leurs coutumes personnelles (2).

(1) *Journal officiel*, 1888, Doc. parlement., Ch. des Députés ; ann. 2977, p. 1061.

(2) Voici le texte de la proposition Michelin et Cluseret :

Art. 1er. — Les musulmans indigènes des départements de
l'Algérie sont déclarés citoyens français.

Art. 2. — Toutes les lois politiques de la France leur sont
applicables.

Art. 3. — Au point de vue civil, ils restent soumis à leur
loi civile et religieuse et à leurs coutumes personnelles, à
moins qu'ils ne déclarent, conformément au décret du 24 octobre 1870, qu'ils entendent être régis par les lois civiles de
la France.

Art. 4. — Les plaideurs musulmans indigènes de l'Algérie
ont le droit de choisir la juridiction qui tranchera leurs procès : cadi ou juge français. En cas de désaccord, le choix
appartient au demandeur.

Art. 5. — Nul impôt ne peut frapper les indigènes à l'ex-

Dans l'exposé des motifs de leur proposition (1), MM. Michelin et Cluseret expriment que l'assimilation des indigènes musulmans serait à la fois un acte de justice envers une population qu'il est temps de ne plus considérer comme une population conquise, et un accroissement considérable de la force morale et militaire de la France. « Il est inadmissible, disent-ils, que les indigènes musulmans n'aient que des obligations et des devoirs sans recevoir aucune compensation. Il est impossible que les Juifs d'Algérie continuent à bénéficier seuls des faveurs de la République ». Mais si les lois politiques peuvent être appliquées avec avantage aux indigènes musulmans de

clusion des Européens. Les musulmans indigènes sont soumis à l'impôt de la même manière et dans la même proportion que les Européens.

Art. 6. — Le tiers au moins des impôts payés par les indigène devra être affecté à des œuvres d'assistance ou d'instruction destinés aux indigènes.

Art. 7. — Le français et l'arabe seront également enseignés dans toutes les écoles de l'Algérie.

Art. 8. — Un règlement d'administration publique rendu dans les six mois de la promulgation de la présente loi déterminera toutes les mesures nécessaires pour rendre applicable aux indigènes la loi du 15 juillet 1889 sur le recrutement de l'armée. L'article 83 de la même loi restera applicable pour l'organisation des corps de troupe spéciaux dont la création sera jugée utile et qui se recruteront par voie d'enrôlement volontaires contractés par les musulmans indigènes de l'Algérie.

Art. 9. — Toute disposition législative, tout sénatus-consulte, décret, règlement ou ordonnance, contraires à la présente loi, sont abolis.

(1) *Journal officiel*, 1897, Doc. parlement., Ch. des Députés, ann. 2203, p. 134.

l'Algérie, il n'en est pas de même des lois civiles. Les mœurs et les coutumes des Français ne peuvent pas être imposées aux musulmans. Les règles du Code civil sur le mariage, l'organisation de la famille ou de la propriété, la dévolution des successions ne peuvent pas leur être appliquées malgré eux. Il est donc nécessaire de laisser les indigènes sous l'empire de leurs lois civiles propres, car il serait souverainement injuste de prétendre que la différence des lois et des religions fut un obstacle à l'assimilation des indigènes musulmans.

Telle est l'économie des deux propositions Michelin. Sans examiner pour le moment si cette indépendance entre les droits politiques et les droits civils français que ses auteurs proclament est une conception conforme aux principes de notre législation, il est un point sur lequel tout le monde doit être d'accord : c'est que ces propositions confèrent avec une facilité exagérée, sur une simple supposition de la fidélité des indigènes envers la patrie française, des droits considérables à toute une masse d'individus qui ne sont nullement préparés à les exercer et dont ils ne connaissent pas la valeur. Elle met ainsi, entre les mains des indigènes des régions les plus reculées de l'Algérie et dont le dévouement doit être à bon droit suspecté, des armes puissantes qui pourraient, par la suite, constituer un grave danger.

Aussi bien, et sans approfondir davantage les raisons qui ont pu dicter aux honorables auteurs de ces propositions une solution par trop favorable aux indigènes, convient-il de les rejeter avec énergie, comme étant de nature à compromettre les intérêts primordiaux de la France en Algérie.

Ce côté criticable des propositions Michelin a été évité avec beaucoup d'adresse par M. Martineau, dans une proposition de loi déposée par lui sur le bureau de la Chambre des députés à la date du 27 juillet 1890 (1). La proposition Martineau présente ce point commun avec celle de M. Michelin qu'elle tend à accorder les droits politiques aux indigènes musulmans et qu'elle déclare ceux-ci régis, malgré cette naturalisation, par les règles de leur statut personnel. Mais elle en diffère en ce que ses dispositions ne visent pas immédiatement la situation de tous les indigènes de l'Algérie ; l'application ne leur en est faite que progressivement. M. Martineau est opposé à la naturalisation immédiate de tous les indigènes ; une telle mesure pourrait avoir pour effet de livrer nos administrations à des gens inexpérimentés, peut-être même de réveiller des idées d'indépendance et d'autonomie parmi les indigènes, et c'est avec raison, pense-t-il, que les Conseils généraux d'Algérie se sont prononcés contre la proposition présentée en ce sens par MM. Michelin et Gaulier. Ce que désire M. Martineau, c'est la concession progressive de la naturalisation.

La base de cette proposition est une distinction entre les communes d'après la population musulmane qu'elles contiennent. Dans les communes où la popu-

(1) *Journal officiel*, 1890, Doc. parlement., Ch. des déput., ann. 857, p. 1625.

lation musulmane est en minorité, une naturalisation en bloc paraît être sans inconvénient ; dans les autres communes, la naturalisation serait attribuée seulement à certaines catégories d'indigènes déterminées, en particulier, aux enfants nés à dater de la promulgation de la présente loi. Les autres ne pourraient l'obtenir que sur leur demande, conformément aux lois en vigueur (1).

(1) Voici le texte de la proposition de loi de M. Martineau :
Art. 1er. — La naturalisation française est accordée en principe à tous les indigènes musulmans d'Algérie. Toutefois, dans l'intérêt de la colonisation, elle n'est appliquée que progressivement et selon les règles ci-après établies.

Art. 2. — La naturalisation a lieu de plein droit et sans qu'elle doive être réclamée par les indigènes, dans toutes les communes où la population française est supérieure à la population musulmane. La population flottante n'entre pas en compte de part et d'autre. Les israélites naturalisés par le décret du 24 octobre 1870 sont compris dans le nombre de la population française. Dans ces communes, la naturalisation est accordée aux indigènes majeurs et à leurs enfants venus ou à venir, à dater de la promulgation de la présente loi.

Art. 3. — Dans les autres communes, la naturalisation est également attribuée de plein droit et sans demande : 1º à tous les enfants qui naîtront à partir de la promulgation de la loi ; 2º à ceux qui ont servi au moins pendant un an sous les drapeaux français, soit en France, soit en Algérie, à moins qu'ils n'aient subi des condamnations judiciaires de droit commun ; 3º à ceux qui ont exercé au moins pendant cinq ans, des fonctions administratives au nom de la France, telles que celle d'agha, caïd, cheik, cadi, adjoint indigène, etc. ; 4º à ceux qui ont reçu une éducation suffisante, constatée soit par un diplôme de licencié ou de bachelier, soit par un certificat d'études primaires. Elle peut enfin être accordée à tous ceux qui en font la demande, en se conformant aux lois et règlements actuellement en vigueur.

Dans ce système, l'assimilation complète ne demanderait que quelques années, puisque tous les enfants d'indigènes, nés à partir de la promulgation de la loi, se verraient de plein droit incorporés dans la grande nationalité française. Ainsi que le dit l'exposé des motifs, « on n'opèrerait pas une révolution dangereuse en décidant que tous les indigènes seront naturalisés au fur et à mesure de leur naissance. Habitués, dès leur jeune âge, à se considérer comme citoyens et

Art. 4. — Les lois politiques de France, sont applicables aux indigènes naturalisés. Toutefois, les droits électoraux ne sont accordés qu'à ceux qui savent parler français.

Art. 5. — Au point de vue des droits civils :

1° Les communes spécifiées à l'article 2 seront soumises, dans un délai de trois ans à partir de la promulgation de la loi, à la législation française en tout ce qui touche l'organisation de la propriété ;

2° Dans les autres communes, les lois musulmanes continueront d'être appliquées aux indigènes, à moins que ceux-ci ne déclarent, conformément au décret du 24 octobre 1870, qu'ils préfèrent être régis par la législation française.

Art. 6. — Dès qu'une commune dans laquelle la population musulmane est actuellement supérieure à la population française passera, par renversement de proportion, dans la catégorie des communes prévues à l'article 2, elle suivra le sort de celles-ci au point de vue de la naturalisation et de l'application de l'article 5, sans qu'il soit besoin d'une loi nouvelle. Les indigènes naturalisés en vertu de la présente loi compteront dans le décompte de la population. à ce point de vue.

Un décret constatera le moment où les communes de la seconde catégorie auront passé dans la première et en opèrera le classement nouveau.

Art. 7. — Toute loi, sénatus-consulte, décret ou règlement contraire à la présente loi est et demeure abrogé.

traités comme tels dans nos écoles primaires, ils arriveront à l'âge d'homme sans avoir le souvenir, ni le regret d'une autre nationalité. La législation française deviendra ainsi sans secousses la loi commune dans une trentaine d'années. On établirait des dispositions transitoires pour qu'il n'y ait point de contradiction flagrante entre la condition des enfants et celle des pères. »

La proposition de M. Martineau présente un côté séduisant, de nature à la faire prendre au premier abord en considération. Elle n'attribue la naturalisation forcée que par progression ; elle ménage, en effet, une transition, en apparence habile, entre la situation légale de l'indigène, observateur de la loi musulmane, et celle du même indigène, observateur de la loi française. Mais nous n'aurons nulle peine tout à l'heure à démontrer combien cette transition est factice, et combien la progression établie porterait atteinte à la libre pratique des croyances musulmanes.

Avant de l'examiner au fond, il semble que cette proposition, comme celle d'ailleurs de M. Michelin, se heurte à une objection de nature à la représenter, aux yeux de bien des gens, comme une conception contraire aux principes de notre législation. Elle établit, en effet, deux catégories de citoyens français : d'une part, ceux qui, jouissant des droits politiques, sont régis par les lois civiles françaises ; d'autre part, ceux qui, ayant aussi l'exercice des droits politiques, obéissent néanmoins à la loi civile musulmane. Or, cette dualité de situation nous paraît être en contradiction absolue avec l'esprit de notre droit public. Il semble, en effet, que l'existence des droits politiques soit inséparablement liée à l'existence des droits civils *français* dans la personne de celui qui les invoque. Cela découle des textes mêmes de notre législation, qui exigent, pour être inscrit sur les listes électorales, la jouissance des droits civils et politiques (1). En outre, peut-on dire qu'il soit permis de créer deux naturalisations présentant cependant les mêmes avantages, alors surtout que, si l'on va au fond des choses, la situation la plus favorable serait faite à ceux qui se rapprocheraient le moins de notre législation, car tout en refusant de reconnaître la supériorité de la loi française, les indigènes se trouveraient cependant bénéficiaires de tous les avantages de la naturalisation? Enfin, conférer aux indigènes les droits politiques, en les laissant sous l'empire de leur loi personnelle, ne serait autre chose, ainsi qu'on l'a dit fort justement, qu'un expédient auquel ni le jurisconsulte, ni le moraliste, ne sauraient se résigner. « Il ne doit pas y avoir sur le sol de la patrie des citoyens ayant des droits contradictoires. Nous ne pouvons nous faire à l'idée qu'il fût permis à un Français, par cela seul qu'il serait de race arabe ou kabyle, d'épouser légalement quatre femmes ou de vendre sa fille impubère. Ce serait vraiment avilir le titre de citoyen français (2) » ; ce serait battre en brèche les principes d'ordre public qui sont l'honneur de notre législation.

Si les propositions Martineau et Michelin nous

(1) Nous avons vu que l'on ne pouvait tirer une autre solution des dispositions de l'art. 7 du Code civil. V. *suprà*, p. 28.

(2) Besson, *op. cit.*, p. 340.

paraissent avoir contre elles les principes mêmes
de notre droit public, peuvent-elles au moins se prévaloir d'un intérêt politique et économique ? Convient-
il, dans une vue d'assimilation, de conférer aux indigènes, soit en masse, comme le veut M. Michelin, soit
par progression, selon le vœu de M. Martineau, l'exercice des droits politiques attachés à la qualité de
citoyen ? Nous ne le pensons pas. Nous avons déjà fait
à cet égard les objections qui nous ont été inspirées
par l'étude des propositions de loi analogues. La concession des droits de citoyen à toute la masse ou simplement à certaines catégories fixées d'après le degré
de cohésion de la population indigène et de pénétration de cette race dans la population française, constituerait, à nos yeux, une colossale bévue. Non seulement
elle serait de nature à compromettre l'influence française dans des proportions qu'il est bien facile de
prévoir, mais elle risquerait fort d'aboutir à l'avilisse-
ment du régime représentatif et à la déviation du
suffrage universel par la participation aux opérations
électorales d'individus ignorants et accessibles à des
influences de toutes sortes.

Pour nous en tenir maintenant à la proposition de
M. Martineau, nous avons exprimé plus haut que la
progression qu'elle imagine est purement factice et
qu'elle ne saurait ménager suffisamment la transition
qu'il est nécessaire d'établir dans la transformation
de l'indigène musulman en citoyen français. D'après
M. Martineau, cette transformation s'accomplirait dans
un laps de temps assez court. On y arriverait par la
soumission au statut personnel français de tous les

enfants d'indigènes nés à partir de la promulgation
de la loi ; ces enfants seraient considérés dès leur
jeune âge comme fils de citoyens et considérés comme
tels dans nos écoles primaires (V. *suprà*, p. 208). Ils
arriveraient ainsi, dit l'exposé des motifs, à l'âge
d'homme sans avoir le souvenir, ni le regret d'une autre
nationalité.

Mais ce procédé de transformation n'aurait de chan-
ces d'être efficace qu'autant que les enfants des indigènes seraient arrachés, dès leur jeune âge, au milieu
social dans lequel ils vivent. Or, on ne peut s'arrêter à
une telle hypothèse. Les enfants des indigènes continueront à vivre et à grandir au sein de leurs familles ;
ils subiront, quoiqu'on fasse, l'influence du milieu ;
ils observeront les préceptes du Coran, qu'ils considè-
reront, tout en grandissant, comme leur loi personnelle. Il est impossible de penser que la première
génération d'enfants qui naîtra après la promulgation
de la nouvelle loi, et qui sera Française *ipso jure*, sera,
en dépit de l'éducation reçue, suffisamment dégagée
de ses croyances religieuses, pour qu'on puisse lui
faire application, sans imposer une contrainte aux
consciences, des règles du statut personnel français.

Ces considérations diverses nous conduisent à nous
écarter de tous les systèmes qui tendraient à attribuer
aux indigènes, soit immédiatement, soit à l'expiration
d'un délai préalablement fixé, une condition juridique
que la conscience musulmane réprouve. L'absorption
de la race indigène dans la famille française ne doit
pas être le résultat d'efforts violents ; elle doit s'opérer
spontanément et par voie de pénétration réciproque et

insensible. « Comment veut-on que, du jour au lendemain, la fusion s'accomplisse entre une société raffinée
et brillante, définitivement affranchie du joug théocra-
tique, n'ayant désormais d'autre religion que les lois
de la science, d'autre morale que les préceptes de
l'économie politique, et des peuplades pauvres et gros-
sières, immobilisées depuis des siècles dans leur fana-
tisme, qui n'éprouvent que du mépris pour les progrès
dont nous sommes si fiers et que travaille sourdement
la haine du vaincu contre le vainqueur ? » (1).

Sans doute, la transformation de la conscience indigène sera l'œuvre de bien des années ; mais elle s'opèrera sans secousses, en même temps que s'accomplira
la transformation insensible du milieu social. Il n'est
pas douteux, en effet, que les musulmans, mis en contact avec notre civilisation, ne se détachent peu à peu
de leurs croyances et n'arrivent à envisager leurs institutions dans un esprit plus libéral et à concevoir les
préceptes religieux séparément des règles des lois posi-
tives.

Ce qui sera surtout long et difficile à faire dispa-
raître, c'est la pratique de la polygamie. Mais il est
permis d'espérer qu'on y arrivera avec le temps. L'exemple de la Kabylie où cette institution est fort peu en
faveur, prouve que le système de la monogamie est
parfaitement conciliable avec les croyances et les traditions musulmanes. Ainsi que l'a fait remarquer
M. Paul Leroy-Beaulieu (2), si l'Arabe prend plusieurs

(1) Besson, *op. cit.*, p. 339.
(2) *L'Algérie et la Tunisie*, 1re éd., p. 242 et s.

femmes, c'est uniquement parce qu'il y trouve un avantage matériel. Les femmes sont pour lui autant de serviteurs qui lui permettent de satisfaire aux nécessités de l'existence : elles sont à la fois le boulanger, le meunier, le tisserand, le maçon, le tailleur de son intérieur. Par conséquent, si l'on change l'organisation sociale, on détruira par là-même la polygamie. « Il suffira pour cela, comme l'a écrit le commandant Richard, de mettre à la portée de l'Arabe ces divers arts manuels dont la femme lui procure les bienfaits. Donnez-lui le meunier, le boulanger, le tisserand, le tailleur, le maçon, et tous ces ouvriers vous tueront la polygamie roide morte » (1). Ce changement de milieu s'opèrera spontanément au contact de la civilisation française, par le libre jeu des institutions et le progrès social.

S'ensuit-il que l'on ne doive rien faire pour activer le mouvement d'assimilation de la race indigène ? Loin de là. Il existe, au contraire, un certain nombre de réformes qu'il est indispensable d'accomplir, pourvu qu'elles soient entreprises avec prudence et circonspection, et qu'elles n'aient pas pour résultat de créer des malentendus entre la nation française et la population musulmane. Il est équitable, d'une part, d'associer l'indigène, par voie de concessions progressives, à l'exercice des pouvoirs politiques, et habile, d'autre part, de soumettre graduellement à l'empire de la loi civile française les matières sur lesquelles la législa-

<hr>

(1) Charles Richard, *De l'émancipation de la femme arabe*, Orléanville.

tion musulmane n'est pas avec la nôtre en opposition irréductible.

A ces deux points de vue, il convient d'approuver hautement les dispositions légales qui ont conféré à l'indigène la participation, dans une certaine mesure, à l'exercice des droits politiques, notamment celles qui lui ont permis de figurer dans les Conseils municipaux, dans les Conseils généraux, dans le corps des Délégations financières de la colonie, et celles qui l'ont placé sous le régime de la loi civile française au point de vue du régime contractuel, ont organisé ou commencé d'organiser le régime de la propriété individuelle, et ont soumis l'indigène, sous certains rapports, à la juridiction des tribunaux français. En faisant participer l'indigène au système représentatif, et en augmentant insensiblement le rôle qu'il est appelé à y jouer dans l'avenir, on l'initie petit à petit, et par l'effet d'une lente éducation de son esprit, à la connaissance de notre droit public ; d'autre part, en le rangeant sous la dépendance de la loi et des juridictions françaises pour la solution de toutes les questions qui ne touchent pas à sa loi religieuse, on soumet son esprit à établir une comparaison entre les lois française et musulmane, et on lui permet d'éprouver ainsi la supériorité de l'une sur l'autre.

Mais il faut aller encore plus loin. Le législateur doit poursuivre, par transformations successives, l'œuvre si bien commencée, sans quoi l'éducation de l'indigène risquerait fort d'être compromise. On s'est demandé à cet égard s'il n'y aurait pas lieu d'apporter aujourd'hui de nouvelles modifications à l'indigénat algérien, soit dans le domaine des lois d'ordre politique, soit dans celui des lois civiles.

En se plaçant au premier point de vue, il a été souvent question d'étendre les droits politiques conférés à l'indigène, sans pour cela aller jusqu'à son assimilation complète avec le citoyen français. On a indiqué successivement les moyens les plus propres à organiser le système de la représentation des musulmans, sans donner à l'élément indigène une influence prépondérante dans l'exercice des pouvoirs publics. On a proposé notamment de conférer aux indigènes le droit de n'élire au Parlement qu'un nombre de représentants égal à celui nommé par les citoyens français d'origine, ou le droit de n'élire que des citoyens français d'origine. On a encore indiqué, comme devant le mieux ménager la transition, l'organisation d'un collège électoral composé uniquement des indigènes appelés à élire les représentants musulmans aux conseils municipaux (1).

Parmi les travaux parlementaires, la proposition Isaac est à retenir. M. Isaac a déposé, le 4 avril 1893, sur le bureau du Sénat une proposition de loi portant modification au système de représentation des indigènes (2). L'extension des droits politiques aux indigènes que propose M. Isaac vise la représentation

(1) V. Paul Leroy-Beaulieu, l'*Algérie et la Tunisie*, 1re éd., p. 280.

(2) *Journal officiel*, 1893, Doc. parlement., Sénat, ann. 134, p. 278,

aux Conseils municipaux, aux Conseils généraux et au Parlement.

Comme le rappelle l'exposé des motifs, les indigènes ne sont actuellement appelés à faire partie des Conseils municipaux que dans les localités où ils forment, à côté de la population européenne, un groupement d'au moins cent individus : ils peuvent y être élus dans la proportion du quart de l'effectif total du Conseil, sans que jamais leur nombre puisse dépasser le chiffre de six, ni être inférieur à celui de deux. Ils ne prennent pas part à l'élection des maires et des délégués sénatoriaux. M. Isaac voudrait, d'une part, augmenter la proportion des indigènes, appelés à faire partie des Conseils municipaux, du quart au tiers de l'effectif total ; et, d'autre part, appeler les conseillers indigènes à l'élection des maires et adjoints et des délégués sénatoriaux, pouvant eux-mêmes être désignés comme délégués.

L'exposé des motifs rappelle aussi que les indigènes sont représentés dans les Conseils généraux par six assesseurs nommés par le gouverneur, lesquels ne participent pas à l'élection des sénateurs. Dans le projet Isaac, la proportion des indigènes admis aux Conseils généraux serait portée au tiers de l'effectif total. Ces conseillers généraux ne seraient plus choisis par le gouvernement, mais nommés à l'élection, et ils pourraient prendre part à l'élection des sénateurs.

En outre, M. Isaac permettrait aux indigènes du territoire civil de concourir à l'élection des députés.

Ne pourraient d'ailleurs, être élus sénateurs et députés que les citoyens français (1).

(1) Voici le texte de la proposition de loi de M. Isaac :

Art. 1er. — Les indigènes musulmans admis à la nationalité française et maintenus dans le bénéfice de leur statut personnel par le sénatus-consulte du 14 juillet 1865 prennent part, en Algérie, aux opérations électorales, dans les conditions déterminées par la présente loi.

Art. 2. — Est inscrit sur les listes électorales pour l'élection des conseillers municipaux, dans les communes de plein exercice, tout indigène musulman qui, étant âgé de vingt-cinq ans, et ayant une résidence de deux années consécutives dans la commune, se trouve, en outre, dans une des situations suivantes : propriétaire foncier ou fermier d'une propriété rurale ; inscrit au rôle des patentes ; employé de l'Etat du département ou de la commune ; membre de la Légion d'honneur ; décoré de la médaille militaire ou titulaire d'une pension de retraite ; breveté d'une école française métropolitaine ou algérienne. L'inscription sur la liste électorale aura lieu sur la demande des intéressés, et après constatation de l'accomplissement à leur égard des prescriptions de la loi du 23 mars 1882, sur l'état civil.

Art. 3. — Tout électeur indigène est éligible au conseil municipal, à la condition de savoir parler le français.

. Art. 4. — Les électeurs inscrits sur la liste indigène peuvent choisir, pour les représenter au conseil municipal, soit des éligibles appartenant à la même liste, soit des citoyens français. Ils ne prennent point part à l'élection de la partie européenne du conseil municipal.

Art. 5. — Dans aucun cas, le nombre des voix appartenant à la représentation indigène d'une commune de plein exercice ne peut excéder le tiers du chiffre total de l'effectif du conseil municipal.

Art. 6. — Les conseillers municipaux au titre indigène exercent les mêmes attributions que les conseillers français d'origine ou par naturalisation. Ils prennent part à l'élection des maires et adjoints, et concourent à l'élection des délégués

Le système de représentation proposé par M. Isaac
est assurément digne de fixer l'attention du législateur. Non seulement les mesures qu'il indique sont de
nature à réserver la prédominance à l'élément français
dans la colonie, mais encore, par l'organisation du

sénatoriaux. Ils peuvent être désignés comme délégués sénatoriaux. Sous réserve des dispositions relatives à la nomination des adjoints indigènes, ils ne peuvent exercer les fonctions de maire ou d'adjoint.

Art. 7. — Des arrêtés du gouverneur général détermineront,
pour tout le territoire de l'Algérie, la constitution et le fonc-
tionnement des communes mixtes et indigènes, et règleront
le mode de représentation élémentaire des fractions ou sec-
tions indigènes constituées en groupes distincts, même dans
la circonscription des communes de plein exercice, en tenant
compte des besoins locaux et des usages particuliers de
chaque région.

Art. 8. — Dans toutes les parties de l'Algérie, à l'exception
des territoires de commandement, les indigènes musulmans
ayant satisfait aux conditions indiquées à l'article 2, concourent aux opérations électorales pour la formation des conseils
généraux. Ils sont éligibles à ces assemblées, dans la proportion du tiers, au plus, du nombre des membres de chaque
conseil, à la condition de savoir parler le français.

Art. 9. — Les électeurs indigènes peuvent choisir, pour les
représenter au conseil général, soit des éligibles appartenant
à la même catégorie, soit des citoyens français. Ils ne prennent point part à l'élection de la partie européenne du conseil
général.

Art. 10. — Les conseillers généraux au titre indigène
exercent les mêmes attributions que les autres membres du
conseil. Ils prennent part, en leur qualité, aux élections des
sénateurs. Ils ne peuvent exercer les fonctions de président
du conseil général.

Art. 11. — Dans toutes les opérations relatives soit à la formation des listes électorales, soit à la constitution des assemblées, les causes d'incapacité, d'inéligibilité ou d'incompati-

collège électoral qui ne comprendrait que les indigènes présentant des garanties certaines d'honorabilité ou d'instruction, elles auraient l'avantage incontestable d'assurer autant que possible la sincérité des opérations électorales. Il est à remarquer, d'autre part, et c'est là une considération qui a son importance, que les réformes introduites par la proposition Isaac sont réclamées depuis longtemps par les indigènes eux-mêmes, qui seraient heureux d'avoir auprès des pouvoirs publics des interprètes plus nombreux et plus autorisés (1).

Il est un point cependant sur lequel la proposition Isaac ne peut être adoptée que sous les plus expresses réserves : c'est la représentation des indigènes au Parlement. Il nous paraît difficile que l'on puisse envoyer

bilité sont communes aux indigènes musulmans et aux citoyens français.

Art. 12. — Pour les délégations des conseils généraux au conseil supérieur de l'Algérie, chaque assemblée élit, dans les conditions déterminées aux règlements actuellement en vigueur, entre six conseillers français, deux conseillers pris parmi les membres indigènes du conseil général.

Art. 13. — Dans toutes les parties de l'Algérie, à l'exception des territoires de commandement, les indigènes musulmans ayant satisfait aux conditions indiquées à l'article 2, concourent à l'élection des députés.

Art. 14. — Ne peuvent être élus sénateurs ou députés que des citoyens français.

(1) V. à cette égard Henri Pensa, *l'Algérie*, compte rendu du voyage de la délégation sénatoriale présidée par M. Jules Ferry, p. 269 et s., 457, etc. L'éligibilité des conseillers généraux musulmans a été l'objet de vœux favorables émis par le Conseil général et le Conseil municipal d'Alger : V. Charpentier, *op. cit.*, p. 102, 103.

à la Chambre ou au Sénat des mandataires représentant à titre permanent la population indigène, alors même que ces mandataires seraient choisis uniquement parmi les citoyens français. Pour pouvoir envoyer au Parlement des délégués ayant le droit de s'occuper, dans leur plénitude, des questions législatives, c'est-à-dire, des lois d'intérêt général comme de celles d'intérêt local, il nous semble qu'il est indispensable d'avoir la jouissance intégrale des droits politiques. Or, seuls les indigènes naturalisés, qui supportent les charges de la nationalité française, comme celles du service militaire, sont dans une semblable situation. Les droits des indigènes non naturalisés ne peuvent être que partiels, comme sont leurs obligations. Il y aurait danger, d'ailleurs, à permettre aux candidats aux fonctions de député ou de sénateur, de parcourir les tribus et d'y discuter les questions nationales touchant à la politique générale. Ce serait ouvrir la porte aux insurrections.

Ces considérations nous conduisent à nous écarter de la proposition de M. Isaac, en ce qu'elle confère aux indigènes le droit de nommer des députés, des délégués sénatoriaux, et celui d'être désignés eux-mêmes comme délégués sénatoriaux. Mais cela n'exclut pas dans notre pensée la possibilité d'organiser un système de représentation des indigènes devant la Chambre des députés et le Sénat. C'est ainsi que rien ne s'opposerait à ce que des délégués, investis d'un mandat temporaire, fussent désignés pour représenter au Parlement la population musulmane, soit au moment de la discussion du budget de l'Algérie, soit à

toute autre époque, chaque fois qu'une question intéressant la population musulmane viendrait en discussion devant les assemblées législatives.

En laissant de côté maintenant le régime des lois
d'ordre politique et en se plaçant au point de vue de
la législation civile, il est un certain nombre de questions, dont la solution s'impose à l'attention des pouvoirs publics, et qui sont de nature à activer, dans la
mesure du possible, le mouvement d'assimilation. Il
conviendrait tout d'abord de réviser la loi sur la naturalisation des indigènes. Le sénatus-consulte de 1865,
malgré toutes les facilités qu'il offre, est, aux yeux
des indigènes, encore trop formaliste. Ce qu'il faut
surtout aux musulmans, ce n'est pas tant la simplicité que l'apparence de la simplicité. Aussi bien, con-
viendrait-il de retirer au chef de l'Etat le pouvoir
d'accorder les naturalisations et de le conférer au gouverneur général, qui statuerait par simple arrêté, sur
la demande de l'indigène, après avis du maire ou de
l'administrateur de la commune où réside l'indigène,
dans les communes de plein exercice ou mixtes, ou du
bureau arabe de sa résidence, en territoire militaire,
et sur représentation du seul casier judiciaire. Cette
naturalisation devrait être dispensée de tout droit de
sceau ou autre. Il y aurait lieu également de trancher
législativement la controverse qui s'élève au point de
vue des effets de la naturalisation de l'indigène sur
la personne de sa femme et de ses enfants, controverse
qui est de nature à créer au sein des familles les conflits les plus regrettables.

En ce qui concerne la substitution graduelle de la

loi civile française à la loi civile musulmane, la première réforme à faire consisterait à parachever la transformation de la propriété collective en propriété individuelle. Le chemin ainsi parcouru serait considérable. Il restera ensuite à ébranler dans leurs profondes assises les préjugés religieux d'une population fanatique et ignorante, que notre civilisation moderne n'a pu encore pénétrer. C'est de ce côté que viendra la résistance. C'est à cette œuvre qu'il faudra apporter la plus grande modération.

La substitution du statut personnel français au statut personnel musulman ne pourra être que l'œuvre du temps. Elle s'opèrera insensiblement par la transformation des idées et des mœurs ; elle sera le terme d'une évolution. Ce n'est pas à dire que l'intervention du législateur doive être de nulle ressource. Bien au contraire, l'action de la loi sera efficace, toutes les fois qu'il s'agira de rapprocher les populations française et musulmane et de faire comprendre aux indigènes que la France entend les traiter en égaux et non en sujets conquis. Les tribunaux français auront à jouer un rôle considérable dans la transformation de la conscience indigène, car ils seront les intermédiaires les plus fréquents entre la population musulmane et l'autorité française et contribueront à développer chez celle-là la notion d'une justice plus égale et d'une loi plus parfaite que les siennes.

Pour arriver à cette pénétration des idées françaises dans les esprits musulmans, il faut multiplier les points de contact entre Français et indigènes. Il est surtout indispensable de développer l'enseignement arabe-français, afin de propager dans la jeunesse les idées européennes et de pénétrer l'esprit des enfants des bienfaits de la civilisation. C'est le meilleur moyen d'exercer sur eux une influence intellectuelle et morale et d'arriver à créer entre eux et nous une communauté de pensées et de sentiments, qui sont l'indice d'une estime réciproque. Il est également nécessaire de continuer à leur confier certains emplois dans nos administrations. « Instruisons les indigènes algériens, donnons-leur notre langue, émancipons-les graduellement de la situation de sujets asservis et sans droits ; faisons-leur une place dans l'organisation de notre patrie et de nos services administratifs. Suivons un peu ce que font depuis dix ans les Anglais aux Indes. N'oublions pas surtout qu'il ne suffit pas d'améliorer l'état matériel et physique de la généralité de la race vaincue. Il faut encore donner des satisfactions d'amour-propre à la classe moyenne ; on doit leur faire une place dans nos cadres » (1).

Telles sont, en résumé, les solutions les plus rationnelles en même temps que les plus humaines du difficile problème de l'assimilation des races algériennes. En ménageant les croyances et les traditions séculaires des musulmans, mais en leur refusant une ingérence trop considérable dans la marche des affaires politiques, on concilie de la façon la plus heureuse deux intérêts essentiellement opposés et également respectables : celui de la nation vaincue et de la nation conquérante.

(1) Paul Leroy-Beaulieu, l'*Algérie et la Tunisie*, 1ʳᵉ édit., p. 274-275.

D'autre part, en permettant aux indigènes de faire entendre leur voix dans le concert des pouvoirs publics, on leur montre que le gouvernement français, loin de les considérer comme des sujets conquis, entend, au contraire, donner satisfaction à leurs légitimes revendications. Enfin, en développant au milieu d'eux l'instruction, et en leur offrant le secours de la justice française toutes les fois qu'ils voudront y recourir, on arrive à agir sur l'esprit des indigènes, à leur faire aimer la grande nation qui les a tirés de leur apathie et de leur ignorance, et à leur faire comprendre que les Français ont, en Algérie, les mêmes intérêts qu'eux-mêmes, qu'ils n'ont pas d'autres aspirations que les leurs, et que tous les habitants du même territoire doivent unir leurs efforts pour le plus grand bien de chacun d'eux et pour la plus grande gloire de la commune patrie. C'est ainsi que les indigènes viendront à nous et que se résoudra le problème de l'assimilation.

VU :
Le Président de la thèse,
R. ESTOUBLON

VU :
Le Doyen de la Faculté,
GLASSON

VU ET PERMIS D'IMPRIMER :
Le Vice-Recteur de l'Académie de Paris,
GRÉARD

Albert Hugues   15

TABLE DES MATIÈRES

CHAPITRE TROISIÈME

Laval. — Imprimerie parisienne L. BARNÉOUD & Cie.